마음이 선택한 색, 나를 찾아가는 여정 **색채심리**

박경화 지음

눈처럼 하얀 피부, 앵두처럼 붉은 입술, 칠흑 같은 검은 머리를 가진

아름다운 공주는

계모 왕비의 시샘을 받아 궁궐에서 쫓겨나 숲으로 도망간다.

그 곳에서 공주는

금을 캐는 일곱 난쟁이의 도움을 받아 행복하게 살았으나

계모가 건네준 독이 든 빨간 사과를 먹고 깊은 잠에 빠지게 된다.

들어가는 말

동화 속 주인공인 백설공주는 어떻게 생겼을까?

누구나 한 번쯤 읽어봤을 백설공주의 한 부분에서 우리는 주인공을 묘사한 색을 통해 주인공의 성격을 느끼고 경험하며 상상의 나래를 펴게 된다. 그리고 상상력을 자극하는 색을 통해 연상하는 주인공과 그 스토리는 더욱 흥미진진해지며 앞으로의 여정을 기대하게 한다. 백설공주는 눈처럼 하얀 White 피부, 앵두처럼 붉은 Red 입술, 칠흑 같은 검은 Black 머리의 색으로 그 자태를 드러낸다. 백설공주를 나타내는 이 색의 상징과 의미를 이해하고 다시 이야기의 장면들을 떠올릴 때, 동화가 주는 상상력과 더불어 색의 에너지를 우주의 원리 속에서 새롭게 재조명할 수 있다.

    백설공주의 하얀 피부는 순결한 공주의 고결함과 억지로 무언가 덧대어 자신을 드러내지 않는 그저 그 자체로 충만한 풍요의 격을 담아낸다. 백설공주의 삶에서 만나는 모든 사람과 동물들은 그녀의 맑은 순수함에 고개를 숙이며 반긴다. 그녀는 친절하고 사랑스럽지만, 그 누구보다 우위에서 자신을 꾸밈없이 보여주며 일관된 절대성을 담아낸다. 백설공주의 피부에 묘사된 White는 절대적 풍요와 함께 그 누구도 범접할 수 없는 완벽함을 담고 경계의 틀을 공고히 한다. 그것이 바로 White의 힘이다.

    백설공주의 붉은 입술은 강인한 공주의 리더십과 살아있는 생명체에게 전하는 상승의 에너지를 바탕으로 주변을 자신의 빛으로 동화시키는 능동성으로 전달된다. 백설공주는 고난과 좌절의 상황에서 희망을 잃지 않고 일어설 힘을 끌어내며 강인한 생명력을 보여준다. 하지만 때로 능동적 의지가 충동적 본능을 앞세워 스스로를 궁지에 몰아넣거나 파괴하는 힘으로 드러나 그녀를 잠들게 한다. 백설공주의 입술에 묘사된 Red는 열정과 함께 지칠 줄 모르는 끈기를 보여주며 적극적으로 세상과 마주할 용기를 전해준다. 그것이 바로 Red의 힘이다.

백설공주의 검은 머리는 공주의 이상적 신비로움과 수용성을 바탕으로 모두를 품고 꿈꾸게 하는 무한의 가치를 채움을 통해 드러낸다. 암흑 속에 숨어 있는 강력한 힘은 초월적 성스러움과 절대적 위엄을 가지며 강력한 힘으로 세상을 지배한다. 그러나 그녀가 갖은 무한의 창조성은 많은 것들이 모이고 모여 질서를 잃고 혼돈에 빠지기도 한다. 백설공주의 머리카락에 묘사된 Black은 새로운 생명의 탄생을 앞둔 엄마의 자궁처럼 힘을 저장하며 실존하는 그 무엇으로 반영된다. 그것이 바로 Black의 힘이다.

이처럼 색을 알면 사람의 성격이나 특성, 그리고 관계를 이해하는 데 도움이 된다. 사람들은 일상에서 색을 거의 의식하지 못한 채 살아가지만, 사실 색의 영향을 많이 받으며 살고 있기 때문이다. 우리는 사물이나 장소, 옷이나 액세서리의 색을 통해 에너지를 받아 기분이 좋아지거나 즐거워지기도 하고, 우울하거나 슬퍼지기도 한다. 이는 세상이 가진 생명력으로 살아있는 모든 것들이 머금고 있는 우주의 기운이다.

색은 개인의 외적·내적 개성을 통합하여 감정을 거쳐 태도와 행동으로 드러나는 일련의 순환과정을 보여준다. 색채는 내면의 감정적, 본능적 욕구를 이해하고 보다 긍정적인 미래를 설계하는 데에 유용한 도구가 될 수 있다. 이에 우리는 색채를 통해 자신이 사용하는 힘과 에너지를 이해하고, 건강한 방향과 중심을 세울 수 있어야 한다. 아무렇게나 화살을 던져 꽂힌 곳에 과녁을 만들고 자화자찬하며 자신을 속이는 것이 아니라, 목표에 알맞은 화살을 골라 시위를 당기고 바람의 방향을 읽고 원하는 곳으로 날릴 수 있도록 돕는 것이다.

이 책은 자기 자신을 이해하고, 나아가 자기실현을 원하는 이들이 스스로의 색을 알아차림으로써 주변의 에너지를 통합하여 가장 아름답게 자신을 빛내도록 돕기 위해 정리되었다. 인간의 개별성을 나타내는 세피라Sephirah는 피썬PESUN의 구조와 원리를 통해 내면의 정신에너지와 세상의 다양한 에너지가 조화를 이루도록 요구한다. 이를 위해 외부로 드러나는 성격인 페르조나Persona와 자아Ego의 에너지를 통해 의식의 상태를 설명하였고, 내면에 감춰져 드러나지 않은 그림자Shadow와 무의식Unconscious의 에너지를 통해 억압된 힘과 본질을 살펴 내면의 성장을 도울 수 있도록 하였다.

색의 근원, 모태인 빛은 세상을 밝히고 어두움을 물리칠 수 있다. 이를 기반으로 색이 심리에 반응하는 작용을 살펴 성장지향의 설계를 돕고 임상현장에서의 경험과 노력 그리고 학자들의 색채와 심리작용에 대한 연구성과를 풍성히 활용하였다. 의학계에서는 색채심리나 치료의 생리적 영향에 대해 아직 미온적인 태도를 보이지만, 우울증 환자에게 빛을 쬐도록 하는 등 임상적으로, 증상을 완화하기 위한 기법으로 상당히 유용하다. 색채의 상징과 특성은 개인의 문화, 종교, 사회, 심리 등 주관적 경험을 드러낼 수 있는 유용한 도구이기 때문이다.

 사람들은 누구나 매일 공기를 마신다. 공기는 인간의 생사에 크게 관여하므로 삶을 유지하는 차원에서의 중요성은 그 무엇과도 견줄 수 없지만 우리는 일상에서의 익숙함으로 그 감사를 잊는다. 빛이 그러하다. 매일 아침 눈을 뜨는 순간부터 우리는 빛과 함께 하루를 시작하지만, 그것을 인식하지는 못하기 때문이다. 색의 근원이 빛에 있다는 것을 이해한다면 우리의 삶이 늘 색과 함께 있음을 알아차릴 수 있을 것이다. 놀랍고도 신비로운 색의 힘은 다양한 분야의 전문가들을 통해 확장되고 있으며 상담 및 예술치료 현장에 있는 임상가들이 보이는 색에 대한 관심은 색채심리를 연구하는 내게 무엇보다 기쁜 일이다. 이 책을 통해 색이 가진 힘을 공유하고 자기 발견에 따른 성장이 함께 하기를 기대한다.

2025년, 빛의 여정과 함께

박 경 화

마음이 선택한 색, 나를 찾아가는 여정 **색채**심리

Contents

I 색채의 이해

1장 색채 구성의 원리 _14

2장 색채 활용의 원리 _19

3장 색채에너지 명상 _36

4장 색채의 기본상징 _66

    Achromatic 계열 (Black, White, Gray) _76

    Red 계열 (Red, Orange, Brown) _82

    Green 계열 (Yellow, Yellow Green, Green) _88

    Blue 계열 (Blue, Indigo, Purple) _94

II 색채심리분석의 이해

5장 피썬세피라의 원리 　　　　　　　　　　_102

6장 피썬세피라의 상징 　　　　　　　　　　_115

7장 피썬세피라의 해석 　　　　　　　　　　_123

III 피썬세피라의 분석

8장 PE 세피라 분석 　　　　　　　　　　　_131

9장 SU 세피라 분석 　　　　　　　　　　　_159

10장 N 세피라 분석 　　　　　　　　　　　_186

IV 피썬세피라의 코칭과 활용

11장 피썬 코칭의 실제 　　　　　　　　　　_192

| **부록 1** | 'PE-SUN' 색채심리분석의 원리 　　　　_204

| **부록 2** | 12색 컬러키워드 　　　　　　　　　　_208

참고문헌 　　　　　　　　　　　　　　　　　_212

DESIGN

I
색채의 이해

1장 색채 구성의 원리
2장 색채 활용의 원리
3장 색채에너지 명상
4장 색채의 기본상징

1장
색채 구성의 원리
Principles of Color Composition

색채 심리를 이해하기 위해서는 색을 알아야 한다. 하지만 색을 안다는 것은 결코 쉬운 일이 아니다. 색채 심리를 말하면 많은 상담사들이나 심리학자들은 별도의 학문적 영역에서 다루어야 한다는 것에 동의하지 않는다. 그럼에도 불구하고 색은 알수록 혼돈스러움과 동시에 오묘함이 공존하고 있음을 알 수 있다. 색은 눈에 보이지만, 실제로 다양하고 복잡한 내용을 가지고 있다. 학교 다니면서 열심히 색의 삼원색과 빛의 삼원색을 외웠던 기억이 있다. 시험에 자주 등장하는 단골 손님이었지만 왜 그런지에 대한 이유를 알기 보다는 무조건 외우기만 했었다. 지금도 우리는 색을 이해하고 공부할 때, 이런 혼돈을 벗지 못하고 있다. 색채의 시작을 어디에 두고 시작해야 하는지 잘 알지도 못한다. 색의 기본이 되는 원색이 무엇인지도 학자마다 다른 의견을 내고 있다.

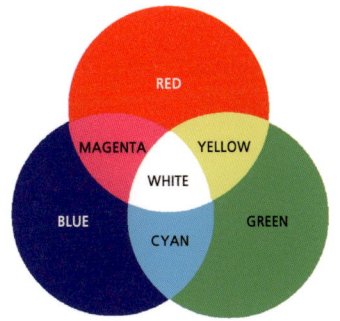

그림 1. 빛의 삼원색

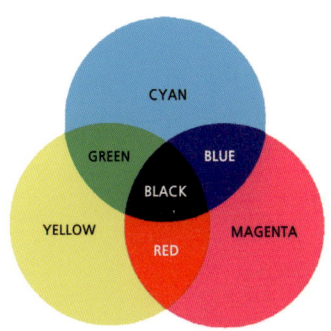

그림 2. 색의 삼원색

색을 공부하면 할수록 색의 삼원색을 빨강, 노랑, 파랑이라고 말하는 것이 조심스럽게 되었다. 색채를 공부하는 사람들은 쉽게 빨강, 노랑, 파랑이 아니라 마젠타Magenta, 시안Cyan, 옐로우Yellow를 말하기도 하고, 레드Red, 블루Blue, 그린Green을 말하기도 한다. 또한 우리가 흔히 '파란색'이라고 부르는 색은 사실 진한 파랑이 아니라, 하늘색에 가까운 시안이다. 이렇게 기본색이 다르다보니 색의 조합도 다르게 나타난다. 색의 삼원색은 합쳐 놓으면 검은색이 되지만, 빛의 삼원색은 합쳐 놓으면 투명(백색)해 진다.

이런 색들의 조합은 우리가 보는 세상을 나타내는 기본이 된다. 컴퓨터 모니터나 TV에서 사용하는 RGB는 각각 빛의 삼원색인 Red, Green, Blue의 약자이다. 이들은 빛을 통해 상Image을 구현하기 때문에 RGB라고 표현한다. 이것은 기본적으로 빛의 조합이기에 [그림1]에서와 같이 나타난다. 반면에 낱장으로 자르기 전의 전지 우표를 사거나 인쇄물 시안을 보면 하단부에 조그맣게

CMYK라고 조그만 동그라미들과 함께 적힌 문구를 볼 수 있다. 이 색들은 각각 Cyan, Magenta, Yellow, 그리고 K는 Black을 말하는 것으로, 인쇄되는 색의 기본구성을 나타내며 [그림 2]에서와 같이 색의 삼원색의 조합을 나타낸다.

 이처럼 서로 다른 두 색의 경향성은 색채심리를 이해하는데 혼돈을 주기에 충분하다. 색 자체에 대한 상징성도 서로 다르게 작용하는 부분이 나타난다. 색의 상징에서 Black의 그림자는 빛의 출현을 통해 역사의 시작 또는 아직 드러나지 않은 것을 말하기도 하며 창조를 상징하기도 한다고 한다. 그림자의 상징 Black과 빛의 상징 White은 서로 밀접하게 연관되어 있는데, 이는 우주의 창조적인 과정이나 작업으로 대극적 관계를 상징하고 나타낸다 M.Eliade, 1991. 색은 이미 심리학적 주제를 가지고 있고 그 실마리를 제공하는 것이라고 할 수 있다. 색을 공부하려면 먼저 이런 혼란을 정리하고 이해해야 한다. 이 두 경향성의 차이는 각각의 혼합경향에 따라 달라진다. 방송이나 영상에 사용되는 RGB모드가 빛에 기초한 색상구현 원리에 따른다면, 인쇄에 사용되는 CMYK는 잉크에 기초한 색상구현 원리를 사용한다. 이런 원리를 가산혼합과 감산혼합으로 설명한다. 방송이나 영상에 사용하는 가산혼합 加算混合, Additive Mixture of Colors은 빛을 가하여 색을 혼합할 때, 혼합한 색이 원래의 색보다 밝아지는명도가 높아지는 혼합을 말한다. 가법혼색加法混色 또는 가색혼합加色混合이라고도 한다. 예를 들면 적색광과 녹색광을 스크린에 투영하여 혼합하면, 본래의 두 빛보다 밝은 황색광이 된다. 또, 녹색광과 청자색광을 섞으면 그것들보다 밝은 시안색하늘색 빛이 되고, 청자색광과 적색광을 섞으면, 더 밝은 마젠타색자홍색 빛이 된다. 이것은 눈에 들어오는 빛의 양이 혼합에 의해 증가하기 때문이다. 가산혼합에서는 적·녹·청의 3색을 서로 다른 강도로 섞어 모든 색을 만들 수 있다. 따라서 이 3색을 가산혼합의 '3원색'이라 부른다. 이 원리는 컬러 텔레비전이나 조명 등 다양한 분양에서 이용되고 있다. 가산혼합에서의 보색補色이란 2색을 섞었을 때 백색이 되는 경우를 말한다. 반면에 인쇄에 사용하는 방식인 감산혼합減算混合; Subtractive Mixture of Colors은 색의 3원색인 시안, 마젠타, 옐로우를 섞어 색을 만드는 방식을 말한다. 빛의 3원색으로 만들어지는 2차 색상인 시안, 마젠타, 옐로우로부터도 무한한 색상을 만들어 낼 수 있는데 시안, 마젠타, 옐로우는 색상을 빼내거나 흡수하는 방식으로 색을 만들어낸다. 예를 들어 옐로우 물감과 마젠타 물감이 종이 위에 겹치게 되면 레드가 만들어지는데 그 원리는 두 물감이 합쳐진 부분에서 그린과 블루 빛의 파장을 흡수하고 레드만을 반사하기 때문이다. 이런 이유로 감산혼합이라 한다.

CMYK는 Cyan, Magenta, Yellow 그리고 Black의 네 가지 색상을 혼합하여 색상을 표현하지만 실제 구현해 낼 수 있는 색상 수는 위의 RGB영역보다 적다. 실제 삼원색을 기반으로 하는 원리가 같은 RGB방식과 달리 CMYK에서 삼원색에 블랙을 추가하는 이유는 색의 3원색인 C, M, Y를 100% 모두 혼합하면 가장 어두운 검정이 되어야 하지만, 실제로는 안료자체가 순수한 시안, 마젠타, 옐로우를 구현하기 어렵고, 안료 농도 등이 완전치 못하기 때문에 짙은 갈색 또는 짙은 녹색 정도로 밖에 인쇄되지 않는다. 따라서 이를 해결하기 위해 3원색에 블랙을 추가하여 CMYK색상모형이 된 것이다. 이런 것들은 색채학을 전문으로 하지 않는다면 자세히 알지 못하는 부분이다. 그렇다고 색채심리를 하기 위해 전문적으로 색채학을 공부해야 할 필요가 있는 것은 아니다. 그 원리가 다르기 때문에 혼돈을 줄 수도 있고, 색채학이 주로 디자인이나 그래픽 등의 산업과 가시적인 영역에 국한되어 설명되기 때문에 그 한계가 있다. 따라서 색채심리를 이해하기 위해서는 특정 영역에 국한된 시각이 아니라, 원리적인 측면에서 색을 이해할 필요가 있다. 자연의 가시광선 영역에 존재하는 색을 인쇄로 구현해내는 데에는 한계가 있다. 따라서 색의 원리를 이해하면 다양한 색감을 보게 되고, 색의 상징을 통해 인간의 심리를 볼 수 있다.

2장

색채 활용의 원리
Principles of Color Application

　색의 원리는 인간의 심리를 이해하는 것을 넘어서 우주의 원리를 이해할 수 있게 한다Eliade, 1991. 우주의 원리는 특정 영역에만 적용되는 것이 아니라 화학, 물리학, 철학은 물론이고 신학 등 다양한 학문에서 폭넓게 수용될 수 있다. 인간 또한 우주를 구성하는 하나의 소우주이기에, 우주의 원리에 따라 이해되어야 한다. 특히 색을 이해할 때는 화학이나 물리학을 벗어나 논할 수 없다. 따라서 색채를 다양한 원리적 측면에서 이해한다는 것은 곧 우주의 원리를 통해 바라보는 것이며, 이는 빛의 원리이자 세상의 이치를 반영한 것이다. 우주의 기본 원리인 빛과 그림자는 항상 가까이에 있다. 우주의 원리는 서로 다른 두 성질의 만남에서 생겨나는 새로운 존재에 대한 것이라 할 수 있다. 어두움과 밝음의 대극의 에너지가 관계적인 측면에 반영되어 있다.

이런 어두움과 밝음의 관계를 이해하는 것은 곧 창조의 원리라고 할 수 있다Johnson, 2006.

색채심리를 공부한다는 것은 격물치지格物致知라고 할 수 있다. 이에 대한 다양한 해석이 있지만, 성리학의 창시자인 주자는 격물치지를 '모든 사물의 이치를 끝까지 파고들어 앎에 이르는 것'이라고 하였다. 양명학에서는 격물치지를 '마음의 작용이 바르지 못하므로 바로잡아 앎을 이루는데, 그것은 마음에 이미 갖추어진 양지良知에서 찾아진다致良知'고 해석한다. 주자학과 양명학의 관계를 이해하지 못하더라도 서로 다른 두 입장은 우리에게 결과적으로 색을 통해 세상과 우주의 원리를 이해하는 것과 소우주라고 할 수 있는 인간을 이해하는 것을 안내한다고 할 수 있다. 나아가 균형이 깨진 우주가 스스로 자신을 지켜나가는 창조의 섭리를 깨닫게 하고, 인간의 삶에서 이 결핍과 불균형을 바로잡아 가는 원리를 배우게 한다. 결과적으로 색채심리는 인간의 내면 심리와 대인 관계의 심리, 그리고 우주의 원리적인 이해를 가능하게 하는 중요한 통찰을 제공한다. 이런 경험은 우리의 삶을 우주가 어떻게 이끌어 가는지를 이해하게 하고, 우리가 억지로 끌려가는 것이 아니라 스스로 움직이는 우주의 주인공이 될 수 있게 한다. 이런 원리는 색의 특성과 만나 사람의 성격을 상징적으로 반영한다.

색마다 다양한 특징이 있는데, 따뜻함과 차가움, 밝음과 어둠 등으로 구분된다. 색채 상징법에 의하면 색은 고대 원시인이나 특히 서양, 중세의 정신적 분위기를 표현하는 것으로 볼 수 있다. 중세 예술에서 붉은색은 신을, 푸른색은 신의 아들 또는 마리아를, 녹색은 성스러운 정신, 사도, 주교를, 금빛은 천국의 영광을 뜻한다. 또한 민속학에서는 검은색은 밤과 슬픔을, 노란색은 질투, 교만을, 녹색은 자연, 신뢰, 희망을, 푸른색은 신, 하늘과 영원성의 색으로 해석된다최연숙, 2006. 전통이나 경험이 주는 색을 통해 내면의 상징과 투사의 도구로서 색채를 이해하면 우리의 삶이 보인다. 화가의 삶은 이런 경향성을 잘 보여준다. 색을 통해 자신의 정서와 상황을 반영하는 것이다. 피카소의 청색시대Periodo Azul는 스페인 화가 파블로 피카소의 활동 기간 중 1901년부터 1904년까지의 시기로, 이 시기 피카소는 주로 검푸른 색이나 짙은 청록색의 색조를 띤 그림을 그렸고, 부득이한 경우에만 다른 색을 통해 온화한 색조를 나타냈다. 젊은 시절 파리에 머무는 동안에도 주로 검푸른 색을 사용했다. 이 어두침침한 작품들은 스페인에서 영감을 받았으나 프랑스에서 채색되었는데, 당시에는 거의 팔리지 않았으나 현재는 그의 작품 중 가장 인기가 많은 작품에 속한다. 각각의 청색은 특별하고도 개별적인 감정을 표현하였다. 청색은 밤의 색이고 바다의 색이며, 하늘의 색이다. 또한 빨간색과 대비하여 깊고도 차가우며 허무주의와 빈곤 그리고 절망감을 표현하는 데 적합한 색이었다Bernadac & Bouchet, 2006.

색은 아무것도 없는 공空에서 생겨난다. 공에서 생겨난다는 것은 없으나 이미 존재하는 것을 말한다. 기독교에서는 '무에서의 유'를 만드는 것을 창조로 설명한다. 그러나 성경을 자세히 보면 없는 상태에서 있도록 하는 것과 이미 있으나 드러나지 않은 것에게 의미와 질서를 부여하는 것도 반영되어 있다. 이런 점에서 창조의 원리라는 것은 전무全無에서 도출해 내는 것이 아니라 이미 존재하고 있는 것을 드러나게 하는 것이기도 하다. 이는 융의 집단무의식에서 설명해준다. 이런 점에서 공空은 사실 아무것도 없지만, 가득 차 있는 것이라고 할 수 있다. 아무것도 없는 것은 또 가득 있는 것과 같기 때문에 검정으로 설명되기도 한다. 무한 공간으로 알려진 우주가 검은색을 띠고 있다는 것은 이런 원리를 반영하기도 한다. 실제 색채 심리의 키워드는 흰색과 검정을 유사한 정서를 가지고 있는 것으로 설명한다. 그 예로 장례식에서 검은 상복과 흰 상복을 다 사용하는 것이 좋은 예라고 할 수 있다. 아무것도 없다는 것은 희다는 것과 동일하게 이해되기도 한다. 한자로 '희다'는 의미는 白백과 素소가 있다. '白'은 덧칠함으로 변하는 색이고, '素'는 오랫동안 놔두면 색이 탈색되어 생기는 희끄무레한 색을 말한다. 白은 인위적으로 창조할 수 있지만, 素소는 자연적으로 남은 '근원'이라고 할 수 있다. 그래서 물체를 나누고 나누어 쪼갤 수 없는 상태를 '소립자'素粒子라고 한다. 이 세상의 물질을 나누고 쪼개어 남게 되는 가장 근본적인 성분을 素소라고 할 수 있다. 물질로 볼 때, 이를 원소元素라고 한다. 이 상태는 물질을 나눌 수 있는 가장 작은 단위이다. 그러나 원소는 물질의 특성을 반영하지 못한다. 물질의 특징을 반영하기 위해서는 원소의 화학적 결합 상태인 분자 상태가 되어야 한다. 연금술에서 현자의 돌은 화학적인 구조에서 물질의 근원을 찾아가기 위한 상징과 통합의 원리를 보여주기도 한다Aromatico, 2005.

눈에 보이는 세상과 만져지는 세상은 여러 가지 색과 모양, 질감과 형태를 가지고 있지만, 원소의 세계에서 보면 형태는 보이지 않고 빈 공간으로 보이게 된다. 우리가 보는 세계는 원소들이 모여 생겨난 세계이다. 우주는 공空이라고 할 수 있는데, 이 공을 채우는 것은 소이고 소는 모여서 특성을 나타낸다. 이것을 존재하는 것으로 인식하게 되는 것이다. 하지만 이렇게 모여 있는 소는 그냥 있으면 상태를 유지할 수 없기 때문에 이 상태를 유지하기 위한 에너지를 가지게 된다. 이 에너지는 외부의 물리적인 힘에 의해 공급되는 것이라기보다는 스스로 움직여지는 것이다. 이를 한자에서는 '작'作이 아니라 '자'慈라고 한다. '작'作은 의존명사로 외부의 힘에 의해 움직이는 것이라고 할 수 있다. '작'作과 유사한 의미로 '자'慈가 있는데, 사전적 의미로 '자'慈는 '사랑'이라는 의미로 '자신이 좋아하는 작용'을 의미한다. 불교에서 '자비'慈悲라는 것은 '좋아할 주체가 없이 스스로 일으키는 사랑'을 의미한다. 이것이 우주의 작용원리이다. 우주의 원리에 따라 움직이는 세상은 동시에 서로 당기는 힘에 의해서 작용하게 된다. 사랑의 힘은 상호작용을 통해 끌어당기는 힘이 강하게 작용하면 여러 입자가 뭉쳐 물질이 된다. 이 힘이 강하게 작용하면 파동이 되어 영향력을 주는 것이다.

그동안 세상은 눈에 보이는 법칙에 의해 작용된다고 믿어왔지만, 이것은 일정한 조건에서 성립되는 것이다. 이런 법칙들을 토대로 과학이 탄생했고, 법칙에 따라 우주의 원리가 설명되고 있다. 동양에서는 이런 밀고 당기는 힘의 원리를 '기氣'라고 한다. 입자와 기운이 우주의 원리이고 물질의 원리라고 할 수 있다. 물질의 원리는 물리적 작용에 의한 것으로, 입자가 자慈에 의해 더해지면 물질이 되고 눈에 보이지만, 기氣가 결국 물질의 에너지와 성질을 가지고 있다고 할 수 있다Hazen, Trefil & Hazen, 2005. 물리학의 원리를 좀 더 자세하게 살펴보면 이를 잘 알 수 있다. 물질의 본질을 알아내기 위해서 물질을 구성하고 있는 것이 무엇인지 분해分解를 통해서 가능하다. 이는 마치 양파 껍질을 벗기는 것과도 같은데, 실상은 양파껍질과 마찬가지로 실체는 찾을 수 없다. 나눌 수 있는 가장 작은 물질을 원자라고 하는데, 과학의 발달로 원자는 다시 핵과 전자로 이루어져 있음을 알 수 있게 되었다. 핵은 또다시 기본적으로 양성자와 중성자로 이루어져 있지만, 수백 가지의 소립자들이 끊임없이 생겨나고 흡수되며 돌아다니는 매우 복잡한 작용을 하는 장소이다. 이런 '기본 입자'들도 진정한 의미의 기본 입자들은 아니다. 우리가 알고 있는 이 기본 입자들은 더 작은 입자들로 이루어져 있기 때문이다. 물질을 가장 작게 나눈 원소가 기본 입자라고 했지만, 과학의 발달은 더 작은 단위의 입자들이 원소를 구성하고 있다는 것을 확인해 주었다. 이를 이해하기가 쉽지는 않지만, 물리적 작용의 원리는 곧 우주의 생성원리를 보여준다. 수천 년에 걸친 연구는 가장 기본적인 수준에서 우리의 삶의 기본 장이 되는 우주가 어떻게 만들어졌고 어떻게 질서가 잡혔는지 상세히 이해할 수 있는 시점에 점차 다가서고 있다. 이론의 기초는 간단하게도 '모든 것은 쿼크Quark와 렙톤Lepton으로 이루어져 있다'는 것이다. 이미 우리가 들어본 바 있는 양성자와 중성자는 모든 원자의 핵 안에서 발견되는 수십 개의 입자 중 두 개에 불과하다. 지난 세기 연구가 활발하게 진행되면서 물리학의 초점은 핵의 성질에 대한 연구에서 핵을 구성하는 입자들에 대한 연구로 옮겨져왔다.

핵 안에 있는 입자는 별에서 태어나 우주 공간을 가로질러 날아와 지구로

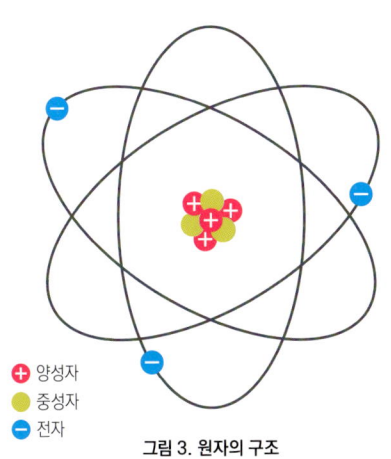

⊕ 양성자
● 중성자
⊖ 전자

그림 3. 원자의 구조

쏟아지는 고에너지 입자들인 우주선Cosmic rays, 우주로부터 날아오는 여러 가지 전자기파을 관찰하면서 시작되었다. 우주선이 핵과 충돌하면 핵이 붕괴되어 구성 입자들이 밖으로 튀어나오거나 우주선의 운동 에너지가 질량으로 변환되어 새로운 입자가 만들어질 수 있다. 이 우주선은 매우 불안정해서 마치 방사성 원소의 원자핵처럼 잠깐 동안만 존재하다가 붕괴해서 다른 입자들로 변했다. 과학자들은 '입자가속기'라는 장치를 만들어 우주선을 대신하는 양성자나 전자의 흐름을 인공적으로 만들어 충돌시켰고, 그 결과 수백 개의 새로운 소립자가 발견되었다. 실제로 우주선이 핵과 충돌할 때도 새로운 입자가 생성되는데, 과학자들은 이를 통해 십여 가지의 새로운 입자들을 발견했다.

많은 수의 소립자가 발견되면서 입자들은 구조에 관련된 것과 힘과 관련된 것으로 구분하여 설명할 수 있다. 양성자, 중성자, 전자 같은 것은 원자의 기본 구성 요소로 구조에 따라 성질이 다른 물질을 얼마든지 만들어낼 수 있다. 가시광선의 양자量子인 광자光子는 힘과 관련되어 있다. 이 전기를 띤 물질 사이에서 광자가 이동함으로써 전자기력을 낳고 전자를 궤도에 묶어둔다. 이 에너지들은 소립자를 묶어주는 역할을 하는데, 물리학 용어로는 이들을 게이지 입자라고 부른다. 양성자와 중성자 같은 입자들은 핵 안에 존재하면서 핵의 여러 가지 작용에 직접 관여하는데, 이런 입자를 하드론Hadron이라고 부른다. 이는 그리스어로 '강하게 상호작용을 하는 것들'이라는 뜻이다. 그에 비해 전자 같은 입자들은 핵에서 멀리 떨어져서 핵이 하는 일에 직접 관여하지 않기 때문에, 그리스어로 '약하게 상호작용하는 것들'이라는 뜻을 가진 렙톤Lepton이라고 한다. 물리학자들은 이제까지 적어도 네 가지의 게이지 입자광자, W입자와 Z입자, 글루온, 중력자와 여섯 가지의 렙톤전자, 뮤온, 타우, 그리고 이들 세 가지와 각각 관련이 있는 세 가지의 뉴트리노 그리고 핵 안에서 소용돌이치는 수백 가지의 하드론을 발견했다김현철, 2024.

1960년대 말에 수백 가지의 하드론 사이에서 규칙적인 패턴이 발견되면서 과학자들은 하드론 자체가 기본 입자가 아니라 더 기본적인 것들의 모임이라는 사실을 깨달았다. 이렇게 한 단계 아래의 기본 요소를 쿼크quark라고 부른다. 쿼크의 종류는 '업Up, 다운Down, 톱Top, 보텀Bottom, 스트레인지Strange, 참Charm'으로 총 6가지이며, 각각 두 개씩 짝을 이룬다. 여기에 대응하는 반쿼크가 존재하므로 실제로는 12가지가 된다. 결국 모든 물질은 쿼

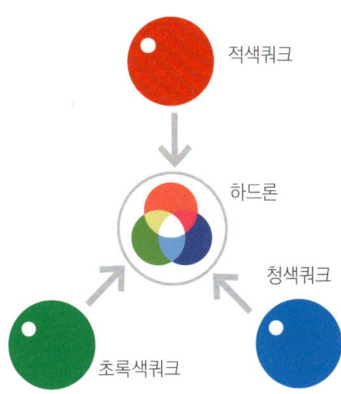

그림 4. 쿼크와 하드론의 원리

크와 렙톤으로 이루어져 있다. 쿼크가 결합해 하드론이 되고, 하드론이 모여서 원자핵을 이룬다. 렙톤에 속하는 전자는 궤도에 자리잡아 원자를 완성하며, 이 원자들이 결합해 우리 주변의 무수한 물질을 이루게 된다. 우주의 기원을 설명하는 물리의 원리는 색을 통해 나타낸다. 쿼크 세 개로 이루어진 중입자는 세 가지 색을 더해 무색Colorless이 되어야 한다. 이런 물질의 원리를 색으로 표현하여 나타낼 수 있다김현철, 2024. 물리학의 이런 설명은 이해하기 어렵지만, 색의 원리가 작용하고 있다는 것을 알 수 있다.

    물질의 원리는 복잡하게 보이지만, 실제로 원리적인 측면에서는 삶의 원리와 만나게 된다. 복잡해 보이는 물리학도 색채심리를 통해 쉽게 이해할 수 있다. 실제 색채심리는 물리학이나 화학 등의 과학적 원리와도 만나게 된다. 색채는 이런 원리를 잘 보여준다. 이는 창조의 원리와 유사하다고 할 수 있다. 아무것도 없지만 있는 것이 바로 색이다. 우리의 사고의 한계에서 본다면 색은 태양으로부터 발생한다. 태양은 우리에게 빛을 제공하는데, 이 태양의 빛은 자외선, X선, 그리고 우주에서 날아오는 에너지 입자의 우주선 등이라고 할 수 있다. 이 빛은 단순히 빛Light을 넘어 에너지를 의미한다. 태양으로부터 우리에게 오는 빛은 우리 눈에 보이지 않을 뿐 아니라, 있으면서 실체가 보이지 않는 투명한 상태이다. 이 보이지 않음은 실제로는 세상의 모든 것을 드러나게 할 수 있는 힘과 능력을 가지고 있다고 할 수 있다.

  색은 인간이 지각하는 것이라고 할 수 있다. 지각한다는 것은 여러 가지로 설명할 수 있지만, 일반적으로 색은 눈을 통해 인식하는 것을 말한다. 빛을 통해서 인식되는 색은 빛이 눈을 자극하여 생기는 시視 감각으로 물체의 존재를 지각시킨다. 이는 시각의 근본으로 스펙트럼의 단색광이나 태양광, 백열전구, 형광등과 같은 색광을 말한다. 색채는 빛을 투과하거나 반사하거나 분해하여 보이는 물체의 색이라고 할 수 있다. 색채학에서 말하는 색은 시지각 대상으로 빛과 그 빛의 지각현상을 말하며 가시광선Visible light이라고 한다. 색채는 물리적, 화학적, 생리적, 심리적으로 주어진 것에 의해 성립되는 시감각의 일종으로 지각되어진 색과 모든 지각을 배제한 순수 색 감각을 말한다. 좀 더 쉽게 말하자면 눈에 보이는 색은 곧 빛의 색이라고 할 수 있다. 현재까지 알려진 바에 의하면 태양광선은 파장에 따라 '전파-적외선-가시광선-자외선-X선-감마선'의 순으로 구성되어 있다. 눈에 보이는 파장은 가시광선可視光線이라 하고 파장은 380nm~780nm까지의 범위에서 나타난다. 자외선은 태양광선 중 파장 380nm이하의 단파장의 전자기파로 눈에 보이지 않는다. 적외선은 가시광선과 마이크로파 중간의 파장영역의 전자파로, 파장범위는 대략 0.78~1,000μm이다.

태양광선은 이 같은 다양한 스펙트럼의 빛들을 가지고 있다. 눈에 보이지 않는 태양광선은 프리즘Prism; 분광기을 통해 우리 눈에 보이는 실체로 바뀐다. 1666년 뉴턴은 프리즘 실험으로 색을 분광시키면서 다양한 색의 연속인 스펙트럼Spectrum을 확인했다. 일반적으로 말하는 색은 이처럼 눈에 보이는 색인 가시광선의 영역에 속하는 것이라고 할 수 있다. 프리즘을 통해 드러난 색은 무지개색이라고 하여 빛의 파장에 따라 빨강과 자주색 두 색을 양쪽으로 그 두 색 사이의 다양한 스펙트럼으로 나타난다. 이런 과정을 통해 눈에 보이는 가시광선은 그 파장에 따라 다른 색으로 인식되는데, 이 색을 무지개색이라고 부른다. 뉴턴Newton은 태양광선의 색을 7개

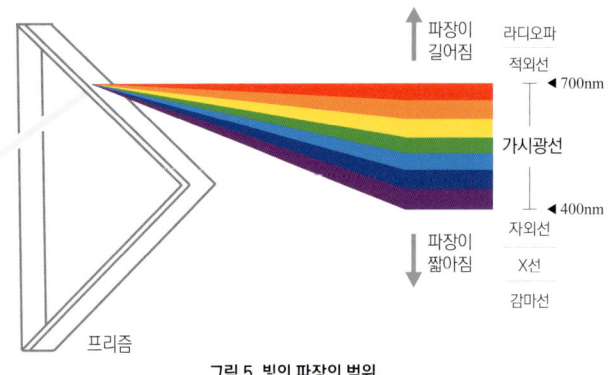

그림 5. 빛의 파장의 범위

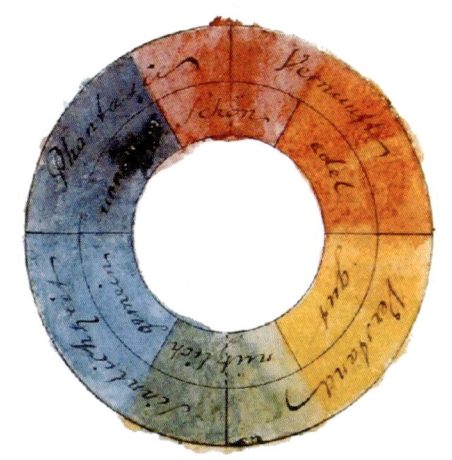

그림 6. 괴테의 색상환

로 설명했지만, 후에 정밀한 슬릿을 사용하여 빨강, 주황, 노랑, 녹색, 파랑, 보라의 6색 스펙트럼으로 색의 범주를 구분하였다.

괴테도 그의 『색채론』에서 무지개의 색을 6개로 구분하여 설명한다.

이런 점을 고려할 때, 일반적으로 말하는 색채와 물리학자가 보는 색채는 빛이 사람의 눈에 일으키는 생리적 감각이라고 할 수 있다. 태양이나 전등과 같이 빛을 직접 방출하는 물체와 빛을 반사하는 물체가 있다. 빛을 직접 방출하는 색은 광원색이라고 하며, 반사하는 색은 물체색이라고 한다. 광원색은 방출되는 빛의 종류에 따라 결정되지만, 물체색은 물체의 반사특성 뿐만 아니라 비춰지는 광원에 따라서 반사되는 빛의 종류가 달라져서 여러 가지 색을 띠게 된다. 색은 물체 고유의 색이 아니라 일정한 조명상태에 놓인 물체에 대해 이를 보는 사람의 눈의 생리적 상태나 경험에 의한 심리적 영향 등으로 다른 색으로 경험되기도 한다Jung, 1967. 따라서 물체색은 광원과 물체에 의해 종합적으로 결정되는 빛의 종류, 그리고 사람의 빛 감지특성 등이 복합적으로 어우러져서 정해진다고 할 수 있다. 따라서 엄밀히 말하면 물체는 하나의 색으로 정해져 있는 것이 아니라 상황에 따라 무수히 많은 색을 지니게 된다. 이런 점들이 색을 이해하고 다루기 어렵게 한다. 그럼에도 불구하고 색이 가진 원형적 부분을 이해하면 인간이 가진 에너지와 그 흐름을 볼 수 있다. 색채 심리는 색이 가진 원형적인 힘과 상징을 통해 인간의 심리를 이해하게 한다.

 색은 눈에 보이지 않는 태양광선에서 나온다. 눈에 보이지 않는 투명한 빛인 태양광선을 프리즘에 통과시키면 가시광선들이 가진 파장의 길이에 따라 다른 굴절률로 분광되어 연속된 다양한 색의 띠를 가지게 된다. 파장이 길면 굴절률은 작고, 파장이 짧으면 굴절률은 크게 보라색 나타나며 분광된 빛은 다시 분광하지 않는 단색광으로 나타난다. 이 때 빨강색보다 굴절률이 작으면 적외선이고, 굴절률이 보라색보다 크면 자외선이다. 이 가시광선 안에서 모든 사물은 빛의 자극에 의해서 각자의 고유한 색을 가지고 있는 것처럼 보인다.

 빛은 색채와 함께 빛과 열, 그리고 에너지를 가지고 있다. 빛은 엄청난 속도를 가지고 있다. 현재까지 빛의 속도를 능가하는 것은 없다. 빛의 속도를 금액으로 환산하면 엄청난 것이다. 지금도 속도를 측정하기 위해서 드는 비용만 천문학적인 금액이 들어간다.

물체에서 나오는 빛의 물리적 성질이 동일할지라도 색은 사람에 따라 긍정이나 부정의 정서나 감정, 심리 상태에 다른 영향을 미칠 수 있다. 색에서 나오는 에너지파동를 통해서 느낌을 받고 감응되는 것은 말보다도 더 무의식적 정서를 반영하고 있고, 원형적 성질을 가지고 있기 때문이다. 생명은 말이나 드러난 그 자체모습 뿐만 아니라, 에너지의 파동파장과 생명체가 만들어 내고 있는 파동에너지의 공명Resornance에 의해서 영향을 주고 받는다. 이런 작용들은 색을 이해하게 하고, 치료적 효과를 준다. 빛을 구성하는 적외선은 의학적으로 치료효과가 있는 것으로 이미 잘 알려져 있다. 유럽의 경우에는 햇빛이 좋은 날에는 사람들이 공원을 찾아 햇볕을 즐긴다. 미국의 시애틀 지역에서는 여름휴가만 되면 교회도 태양빛을 따라 남쪽으로 휴가를 가기도 한다. 상대적으로 태양빛을 제대로 받지 못함으로 인해서 생리적이고 심리적인 어려움을 겪기 때문이다. 이런 점에서 빛이 가진 에너지는 신체의 건강은 물론이고 정신건강에도 지대한 영향을 주고 있다.

색채를 이해한다는 것은 이런 빛의 에너지를 받아들인다는 것을 의미한다. 빛의 속도와 열을 포함하는 통합적 에너지는 색을 통해 드러날 수 있다. 특히 가시광선을 통해 드러나는 색은 인간에게 지각과 더불어 사물을 인식하는 힘을 주기도 한다. 눈에 보이지 않는 허공을 채우고 있는 투명한 빛은 실제로는 색들이 모여 합일

되어 나타내는 투명의 색인 것이다. 즉, '공즉시색, 색즉시공'으로 설명되는데, 보이지 않는 빛은 분광기를 통해 색으로 드러나고, 이 색채들이 모이면 다시 아무것도 없는 상태가 된다. 색즉시공 공즉시색色卽是空 空卽是色은 반야심경에 나오는 구절로 대승불교의 핵심사상을 표현하고 있다. 우리가 사는 현상계는 자성이 없는 허상의 세계이지만 인연으로 인하여 분명히 존재하는 세계이므로 집착 없이 최선을 다하여 살아야 한다는 뜻이다. 공空은 숨어 있는 에너지이며, 색色은 드러난 에너지라고 할 수 있다. 이 에너지가 물질로 변하고 다시 물질이 에너지로 바뀌는 것이다. 색채는 흡수와 반사의 작용을 통해 표현된다. 다시 말해 흡수된 색은 보이지 않고 반사된 색은 눈에 보이는 것이다. 색이 보이는 것은 흡수와 반사를 하는 빛이 있기 때문이다. 각 색에서 반사된 파장 에너지는 지구에 모든 생명체에 많은 영향을 준다. 프리즘을 통해 드러난 색인 무지개는 하늘의 색이며 우주의 모든 에너지가 다 들어 있는 색이다. 색을 에너지로 이해하면 시각장애인이 그림을 그리거나 감상하면서 따뜻한 그림인지, 차가운 그림인지, 슬픈 그림인지 등의 느낌을 설명하기도 하는 상황을 이해하게 된다. 또한 색은 각각의 색들이 간섭을 통해 다양한 색들을 창조해 낸다고 할 수 있다. 사랑하는 사람들의 열정과 뜨거움의 붉은 색이 사랑하는 사람에게 아낌없이 주고 싶은 배려의 흰색을 만나 핑크를 만들기도 한다. 사람들의 상태는 색으로 표현되거나 드러나기 때문에 우리의 일상에서 '너의 색깔이 뭐니?'라고 묻는 경우도 있다.

외부로 드러난 물질적 색은 에너지인 정서를 반영하여 개인의 상태를 나타내기도 한다Eliade, 1991. 이런 정서의 상태는 삶을 풍요롭게 하거나 결핍을 드러내고 다시 채우는 과정으로 확장될 수 있다. 이 과정에서 색채는 기운을 반영한다. 눈에 보이지 않는 기운이 모이면 세상이 되고, 마음속에 원하는 형상을 그리면 마음의 기운은 동일한 주파수의 기운을 우주에서 끌어와 현실 세계에 창조해 낸다소공자, 2012. 이처럼 색은 종교, 철학, 화학, 물리학 등 기초 학문의 다양한 영역에서 존재감을 나타낸다. 색을 통해 우주의 기원과 작용원리를 이해하고, 이런 원리와 철학을 바탕으로 인간의 심리를 이해하고 완성해가는 자기 실현의 작용을 나타낼 수 있다. 색채심리는 이러한 철학을 바탕으로 결핍을 채워나가며 자기실현을 돕는다.

3장
색채 에너지 명상
Color Energy Meditation

색채는 빛으로 구성되어 있기 때문에 각각의 색은 고유한 에너지를 가지고 있다. 우리의 삶은 색과 함께 표현되고, 색을 떠나서는 살아갈 수 없다. 색으로 자신의 희로애락을 표현할 수 있고, 감정의 변화를 반영하게 된다. 사람들은 각자 자신만의 가진 고유의 색을 가지고 있다. 따라서 색은 인간의 생각과 성격을 나타낸다. 색을 통해 인간의 삶을 변화시킬 수 있다. 색의 에너지를 이해하는 하나의 방법 중 차크라가 있다. 차크라는 정신적인 힘과 육체적인 기능이 합쳐져 상호작용을 하는 특성이 있다. 인간의 신체에는 대략 88,000개 정도로 추정되는 차크라가 있다. 이 중에서 6개의 중요한 차크라가 대략 척추를 따라 위치해 있고, 다른 하나는 두개골 최상부에 위치해 있는데 이들이 가장 중요한 차크라이다. 이 7개의 차크라_{불교에서는 4개}는 각각 특정한 빛깔, 형태, 감

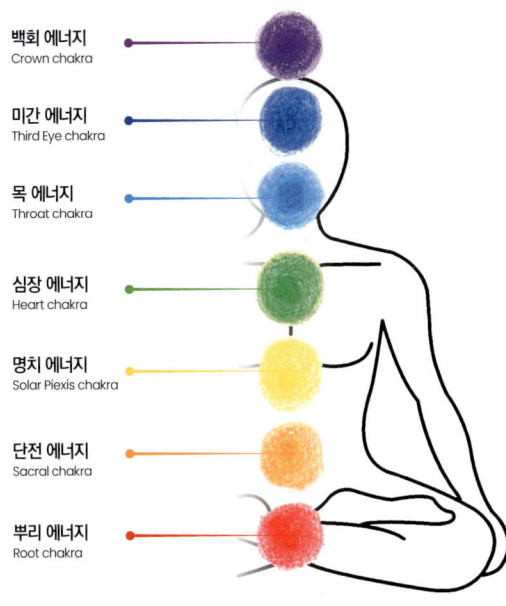

그림 7. 차크라의 에너지

각 기관, 물질적 요소, 신, 만트라Mantra와 연결되어 있다. 쿤달리니 요가의 가르침에 의하면, 인간은 미묘한 몸에테르, 마음, 영혼을 가지고 있는데, 그것은 우리의 물리적 몸인 육체로 퍼져나가 둘러싸고 있다고 한다. 이것을 차크라 체계라고 한다. 이때 나오는 에너지를 오라Aura라고 하는데, 물체나 인체로부터 주위에 발산되는 영험한 기운이다. 삶의 에너지는 이 미묘한 몸을 통해서 흐르는데, 척추의 가장 아래쪽에서 수면을 취하는 이 에너지를 '쿤달리니'라고 한다.

차크라 체계는 생리적인 신체기관이 아니므로, 고도의 수련 없이는 눈으로 보거나 감각으로 느낄 수가 없다. 그러나 명상을 통해 잠들어 있는 쿤달리니를 일깨우는 훈련을 시작하면, 보통 사람들은 상상조차 할 수 없는 대단히 매력적인 세계가 눈앞에 펼쳐진다. 쿤달리니가 깨어나 무의식과 의식이 융합되기 시작하면 그와 더불어 삶에 새로운 지평이 열리는 것이다Welch, 2000. 융Jung은 차크라 체계를 인간의 개성화 과정으로 설명한다.

개성화란 집단 속의 개인들이 하나의 개인으로서 성장하여, 다른 사람들과 다르게 되는 과정의 절차다. 영적인 의미의 개성화란, 자신의 개인성 안에 더 큰 존재의 차원을 담고, 그것을 표현하는 높은 의식을 가진 개인으로 발달해가는 과정이라 할 수 있다. 융은 "인간은 분명히 그 자신의 발달에 의식적으로 참여할 수 있다. 스스로의 결정에 따라 때때로 자신의 발달을 느낄 수 있을 뿐 아니라, 적극적으로 그 과정에 협동할 수도 있다. 이러한 협동은 보다 좁은 의미에서의 '개성화 과정'에 속한다."고 했다. 개성화 과정은 의식화를 통해 자기실현Self-actualization을 이루는 것을 의미한다. 개성화는 의식적, 심리적 삶을 풍부하게 해주는 의식 영역의 확장을 가져다준다여한구, 2007. 또한 조화롭고 진정한 의미의 행복한 삶을 가능하게 해준다. 이런 자각과정을 거쳐 차크라 명상을 지속적으로 진행한다면 일곱 개의 차크라 에너지가 각성되면서 그 안의 극과 극의 성향들하늘과 땅, 밝음과 어두움, 기쁨과 슬픔, 행복과 고통, 안정과 긴장, 성공과 실패 등이 융화되어 통합될 수 있다Eliade, 1991. 양극성의 통합을 이루는 것은 양극성에 대한 자각을 놓지 않으면서 양극이 균형을 이루는 것이다. 색을 명상한다는 것은 보이지 않는 다양한 색의 에너지를 내면에서 끌어올려 활성화시키는 것이라고 할 수 있다. 명상은 생체 에너지를 활성화시켜 자신의 에너지의 변화를 가져오고 균형 잡힌 에너지를 반영한다. 명상을 통해 색이 가진 힘과 색의 고유의 에너지를 취함으로써 자신을 완성해 갈 수 있다. 자신에게 부족한 색은 보충하고, 충분한 색은 조절력을 가짐으로써 통합을 지향하게 되는 것이다.

  색의 에너지를 경험하는 것은 색감을 익히고 색을 조합하는 기술적인 측면을 통해 완성되는 것은 아니다. 색채 에너지를 이해하려면 내면에 있는 에너지를 경험해야 한다. 에너지를 경험하는 것은 민감함과 직관력이 있어야 한다Picard, 1996. 색을 다루는 데 있어 키워드나 시지각에 의존할 수만은 없다. 이 에너지를 끌어내고 경험하기 위해서는 내면을 탐색해야 한다. 실제로 사람들은 억제하거나 억압하는 것이 많아서 감정이 발산되지 않고 내면에 머무르고 있어서 그 에너지를 머금고 있다. 사람들의 색채 감각, 다시 말해 색에 대해 자신이 가지고 있는 경험과 물리적, 심리적 환경이 주는 에너지가 축적되거나 경험되어 있기 때문이다Snowber, 2002. 통계나 시지각을 통한 분석이 아니라, 살아있는 색과 마음을 읽어내는 것은 외부의 작용을 통해 경험되는 색채 에너지가 아닌 직관적인 체험에 가깝다에자카스에나가, 2003. 이 에너지를 경험했을 때 색채 에너지를 이해하고 다룰 수 있다. 따라서 색채 명상은 에너지를 경험하는 주요 통로가 된다.

명상을 위해서는 먼저 마음을 차분하게 하고 조용한 곳에서 색을 겸허히 받아들이기 위한 겸손함을 가져야 한다. 그리고 주변 환경 등 다른 색감에 의한 간섭을 최소화할 수 있는 환경, 즉 다른 빛들이 강하지 않은 곳에서 다음 빛과 색의 작품을 명상하면서 그 느낌이나 자신의 신체나 감정, 체온, 심박 등의 변화를 느껴보도록 한다. 에너지를 경험하고 명상한 후 색채에 대한 정리된 글을 읽어보며 정서를 지각한다.

색채심리의 이해를 위해
12색의 색채 에너지를 '나무'로 상징화 하였다.

나무는 인간의 무의식적 자아상을 가장 잘 반영하는 소재로
살아온 시간에 대한 내적 감정의 방향성을 보여주며
원시적 자아 개념을 투사하기 때문이다.

표현된 나무는 각각의 색채가 주는 중심 에너지를 통해
개인에게 반영될 수 있는 영향력을 보여준다.

어두움과 적막이 온 세상을 덮고 있다.
무언가 그 어두움을 헤치듯 고개를 들어 주변을 밝힌다.
서서히 차오른 그 빛은 온 힘을 다해 주변을 철저하게 물들이며 일으켜 세운다.

RED는 실행의 에너지로 드러나지 않은 실체를 끌어올려 나아가도록 하는 힘이다.

Execution

실행은 살아있는 생명체에 활력을 주어 내재되어 있는 에너지를 자극한다.
원초적인 기대로 무장한 힘은 본능과도 같이 능동적인 태도로 반응한다.
개혁가의 현실감 있는 창조적 능력은 장애물을 극복할 힘을 부여한다.

영향력

주어진 목표를 달성하기 위해 역동적 에너지가 필요할 때 도움을 준다.
현재가 무기력하여 힘이 없을 때, 몸을 일으킬 힘을 부여한다.
두려움을 뛰어넘을 용기가 필요할 때 극복의 의지를 갖게 한다.
단, 지나친 사용은 급격한 피로감 및 충동성에 따른 과도한 공격성으로 드러날 수 있다.

실행 Excution
2024년
Mixed Media, 33.4x53cm
Park, Kyong Hwa

신나는 왈츠에 몸을 맡긴다.
주변을 가득 메운 즐거운 움직임은 자유로이 반짝인다.
여름날의 싱그러운 에너지는 기분 좋은 친화력으로 주변과 어울림을 갖는다.

ORANGE는 주목의 에너지로 자신을 자유롭게 느끼며 기꺼이 드러내는 힘이다.

Attention

스스로를 중심에 세우고자 적극적으로 주변과 소통하며 자신을 알린다.
집중을 독려하는 힘은 자신의 삶에 만족적으로 기능하며 기분 좋게 펄럭인다.
따뜻하게 진동하는 강렬함은 상냥하게 속삭이며 활기를 부여한다.

영향력

꽉 막힌 듯 답답한 상태로 움직임이 자유롭지 못할 때 도움을 준다.
상실감으로 자신을 달래줄 무언가가 필요할 때, 회복의 온기를 부여한다.
나 다움을 통해 즐겁고 신나는 활력이 필요할 때 그저 나로 자유를 얻는다.
단, 지나친 사용은 자기 즐거움에 과도하게 몰입하여 교만함으로 드러날 수 있다.

주목 Attention
2024년
Mixed Media, 60.6x60.6cm
Park, Kyong Hwa

봄날의 햇살이 속삭이듯 내려앉는다.
잠자고 있던 세포들을 조심스럽게 달래며 쓰다듬는다.
온몸에 전해지는 밝은 기운은 어두움을 밀어내며 포근히 자리를 차지한다.

YELLLOW는 빛의 에너지로 희망과 기대를 담고 변화의 시작을 만나는 힘이다.

Light

태양의 빛으로 죽어가는 것들을 깨워 온기를 주며 가장 긍정적으로 진동한다.
희망을 전하는 힘은 기대와 설레임으로 행복과 기쁨의 중심에서 환호한다.
유연하게 다가서는 호기심은 지적 향상심과 함께 새로운 시간을 항해한다.

영향력

두렵고 절망적인 상황 속에서 좌절감을 걷어내야 할 때 도움을 준다.
자신의 생각에 확신이 없어 망설이고 있을 때, 용기를 내어 시도할 힘을 부여한다.
기존의 생각에서 벗어나 새로운 아이디어를 필요로 할 때 모험의 동기를 얻는다.
단, 지나친 사용은 과도한 산만함과 함께 변덕스러운 태도로 드러날 수 있다.

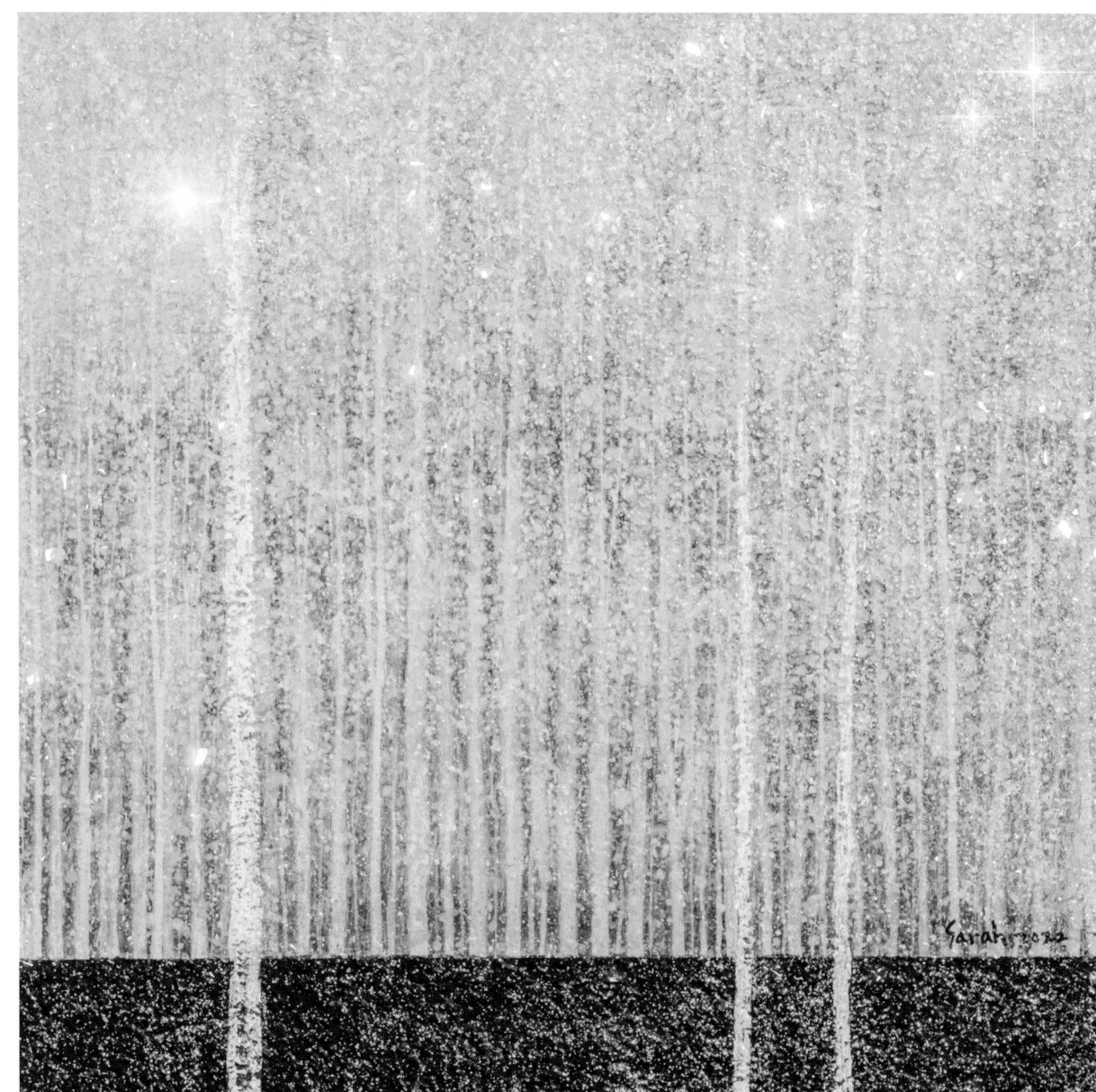

빛 Light
2022년
Mixed Media, 65.1x65.1cm
Park, Kyong Hwa

폭신한 솜털 같은 편안함 속에 누이다.
하늘거리는 바람이 여린 잎을 수줍게 마주한다.
조심스럽게 바라본 세상이 엄마의 손길처럼 따사롭게 내게 오라고 손짓한다.
YELLOW GREEN은 성장의 에너지로 조심스럽게 한 걸음씩 나아가 자신을 세우는 힘이다.

Growth

새 생명의 탄생과 함께 출발하는 젊음은 무한의 가능성을 싣고 동요한다.
세움의 힘은 급하게 무리하지 않으며 계단을 오르듯 편안하게 자신의 목표를 수행한다.
안전한 결과를 얻기 위한 곧은 바람은 주변에 의지하며 작은 보폭으로 전진한다.

영향력

희망찬 출발을 다짐하며 새로운 계획을 차분히 세워야 할 때 도움을 준다.
세상에 자신이 혼자라 생각되어 외로움에 잠식당할 때 온화함을 전해준다.
급하게 결과를 내지 말고 단계를 밟아야 할 때 여유를 선사한다.
단, 지나친 사용은 원하는 바로 향하지 못하는 소극성과 의존성으로 드러날 수 있다.

성장 Growth
2025년
Mixed Media, 60.6x60.6cm
Park, Kyong Hwa

울창한 숲, 그 중심에 우뚝 서다.
건강한 내음이 가득한 충실함이 온 몸을 감싸 안는다.
올곧게 바로 선 건강한 그린은 제 자리에서 욕심 부리지 않고 자신을 내어준다.

GREEN은 균형의 에너지로 편안한 마음으로 심신의 안정과 조화로움을 주는 힘이다.

Balance

있는 그대로의 세상, 덧대지 않은 그곳에서 가장 근원적인 규칙을 만든다.
나눔의 힘은 균형감 있게 스스로를 중립의 상태로 만들어 안정감을 갖는다.
침착하고 따스하게 주변을 동화시키며 관대함으로 편안함을 선사한다.

영향력

균형이 깨진 억압된 심신에 가득 찬 스트레스를 해소해야 할 때 도움을 준다.
삶의 중심이 흔들려 기준이 모호해질 때 명확한 정체성을 부여할 수 있도록 돕는다.
꾸준한 충실함과 충성스러운 자신을 반영시키고자 할 때 성실함을 갖게 한다.
단, 지나친 사용은 고집스러운 자기 원칙에 몰입되어 이기적인 태도로 드러날 수 있다.

균형 Balance,
2025년
Mixed Media, 30x30cm
Park, Kyong Hwa

지평선 저 너머의 세계로 몰입한다.
끝을 알 수 없는 먼 하늘의 투명함이 내게 다가온다.
영적 의지와 깊은 이성을 통해 감정을 조절하고 자극에 진지하게 순응한다.

BLUE는 통찰의 에너지로 신의와 신뢰를 담고 성실함으로 자신을 드러내는 힘이다.

Insight

드넓은 하늘의 평온함으로 내면을 탐색하며 자기 성찰을 위해 성실히 나아간다.
지성의 힘은 가능한 느껴지는 모든 자극에 집중하며 그 어떤 것도 놓치지 않으려 애쓴다.
흥분과 혼돈을 진정시켜 평정심으로 꾸준한 계획을 실행하도록 독려한다.

영향력

긴장과 불안을 이완시켜 안정된 심리상태로 회복시켜야 할 때 도움을 준다.
흥분을 멈추고 차분히 과제에 집중해야 할 때 이성적 판단을 할 수 있도록 독려한다.
다양한 문제해결 방법이 요구될 때, 많은 경우의 수를 탐색할 힘을 부여한다.
단, 지나친 사용은 움직임을 지연시키며 무기력한 모습으로 드러날 수 있다.

통찰 Insight
2022년
Mixed Media, 30x30cm
Park, Kyong Hwa

깊은 바다, 가장 밑자락에 멈춰서다.
긴 침묵은 고요와 적막으로 온 신경을 자극한다.
끝을 알 수 없는 심연의 세상, 분리된 그곳에서 오로지 나에게 깊이 집중한다.

INDIGO는 직관의 에너지로 현실보다 깊은 이상의 끝을 분석하며 명확성을 갖는 힘이다.

Intuition

푸른 통찰이 깊게 자리한 숨막히는 고독감 속에 경건한 명상의 향연으로 답한다.
몰입의 힘은 끈기를 가지고 완성도 높은 결과물을 얻기 위해 조직력을 높인다.
오직 하나의 끝을 바라보며 멈춤 없이 자신이 속하고자 하는 세계로 직진한다.

영향력

당면한 과제에 대한 혼돈감이 커서 명확한 답을 구하는 것이 어려울 때 집중력을 준다.
주변의 자극에서 벗어나 자신만의 온전한 시간이 필요할 때 외부를 차단할 힘을 부여한다.
많은 일이 한꺼번에 처리할 과제로 만나졌을 때, 우선순위를 정해 해결하도록 돕는다.
단, 지나친 사용은 과도한 몰입에 따른 강박적 사고로 이어져 이기적인 태도로 드러날 수 있다.

직관 Intuition
2021년
Mixed Media, 33x52.8cm
Park, Kyong Hwa

격렬한 역동으로 뜨겁게 진정하다.

발산과 억제를 동시에 품고 통합적 정체성을 갖는다.

흥분된 감성과 차가운 이성 사이에서 가장 탁월한 자신의 실체를 경험한다.

PURPLE은 창의적 에너지로 내면의 소리에 귀 기울여 특별함으로 자신을 알아주는 힘이다.

Invention

통합된 하나의 탄생은 사고 보다 위의 높은 이성을 추구하며 정신적 지각력을 높인다.

영적인 힘은 자신의 직감을 믿고 탁월함을 이상적으로 실현시키는 리더십으로 보인다.

자신의 세계 안에서 가장 고귀한 정체성을 바탕으로 차별화된 특별함을 추구한다.

영향력

꿈꾸던 이상을 현실에서 실현시키고 싶을 때 도전할 용기를 부여한다.

창의적 성찰을 통해 차별화된 현재의 자신을 꿈꾸고 싶을 때 도움을 준다.

일상의 안위보다 이상적 이타주의를 통해 관대함을 펼칠 수 있도록 독려한다.

단, 지나친 사용은 이상화로 인한 우울감으로 반영되거나 교만한 위엄으로 드러날 수 있다.

창의 Invention
2021년
Mixed Media, 45.5x45.5cm
Park, Kyong Hwa

탄탄한 대지 위에서 굳건하다.
흔들리지 않는 내 세상에 기대어 편안한 휴식을 취한다.
소박한 건강함은 어느 사이엔가 나의 근간이 되어 안전한 울타리로 만나진다.

BROWN은 견실한 에너지로 정직한 시간들을 더하기 하여 기반을 다지는 힘이다.

Steadiness

흐르는 시간을 빼곡히 쌓아 그 탄탄함을 기반으로 한결같은 태도로 보인다.
우직한 힘은 시끄럽지 않으며 변화를 원하는 모든 것들을 기꺼이 안아낸다.
모든 것에서 편견을 갖지 않으며 있는 그대로의 모습으로 꾸밈없이 대화한다.

영향력

정서적 갈등과 불만인 상황에 놓여 있을 때, 안정을 찾는데 도움을 준다.
자신의 결정에 흔들림 없는 확고한 믿음을 갖고 싶을 때, 스스로를 신뢰하도록 돕는다.
기반에 대한 불확실성으로 현재의 위치가 불안할 때, 가진 것들의 가치를 깨닫게 한다.
단, 지나친 사용은 경직된 사고에 따라 편협하고 이기적인 태도로 드러날 수 있다.

견실 Steadiness
2013년
Mixed Media, 33.1x52.9cm
Park, Kyong Hwa

정지된 바람과 소리에 집중하다.
소속되지 않은 기억이 희미한 공간을 타고 흐른다.
멀리 흩어지는 산사의 풍경소리는 지혜를 품고 흥분으로부터 자유를 얻는다.

GRAY는 중용의 에너지로 가진 것을 펼쳐 나누고 치우침 없이 중심에 서는 힘이다.

Impartial

눈부신 밝음과 깊은 어두움의 중심에서 분명한 정체성으로 존재감을 갖는다.
무소유의 힘은 가득 찬 것에서 만족을 구하듯 끊임없이 참회하며 자신을 성찰한다.
급하지 않고 억지스럽지 않으며 평화와 고요의 마음으로 평정심을 유지한다.

영향력

긴장과 스트레스로 인한 부적응 상태에 평온함을 주어 이완된 심신을 갖게한다.
생각의 균형이 깨져 한쪽으로 과도한 치우침이 생길 때 중심을 잡도록 돕는다.
어느 쪽을 선택해야 하는지 갈등과 고민이 생길 때, 치우치지 않을 힘을 선사한다.
단, 지나친 사용은 과도한 쉼과 함께 정체감으로 반영되어 회피적 성향으로 드러날 수 있다.

중용 Impartial
2013년
Mixed Media, 23.3x33.2cm
Park, Kyong Hwa

눈부신 비움 속, 절대적 자유를 품다.

근접할 수 없는 침묵 속에서 완벽함을 담아내다.

아무것도 보이지 않으며 그 무엇도 요구되지 않는 빈 공간 속에 충만함이 가득하다.

WHITE는 전체의 에너지로 비움을 통해 온전한 감사를 이루며 풍요를 누리는 힘이다.

Wholeness

모든 빛의 합은 가장 투명한 공의 상태로 초월적 이상성과 완벽한 신뢰를 보인다.

합일의 힘은 거짓없이 공정하며 일관된 조화로움으로 모든 것의 우위에 존재한다.

순결한 힘으로 범접할 수 없는 기운을 흘려보내며 순수한 깊이를 담아 저장한다.

영향력

새로운 시작을 준비하며 지금까지의 경험의 틀을 비워내야 할 때 도움을 준다.

순수하게 평정상태를 만들어 창조적 이상을 만들어야 할 때 새로운 시각을 갖게 한다.

무엇하나 내려놓을 수 없는 상황에서 빈 공간을 만들어 사색의 여유를 선사한다.

단, 지나친 사용은 높은 불안과 함께 소외된 고독감으로 스스로를 고립시킬 수 있다.

전체 Wholeness
2023년
Mixed Media, 33.2x52.6cm
Park, Kyong Hwa

태풍의 중심에서 눈을 감다.
강력한 빨아들임으로 주변의 모든 것들이 공간을 가득 메운다.
새로운 생명을 품어내는 엄마의 자궁과도 같이 긴 어둠은 근원적 혼돈을 넘어 이상을 꿈꾼다.

BLACK의 흡수하는 에너지는 모든 것을 채움으로 저장해 무한대의 강력함을 만드는 힘이다.

Absorption

어두움 속에 숨은 신비로움은 셀 수 없는 많은 힘들의 합으로 끝을 알 수 없는 절대성을 갖는다.
세련된 사고와 사상은 강력한 통치력으로 절대적 권력과 함께 권위자의 위엄을 보여준다.
아무런 편견없이 양 극단의 대항하는 모든 것들을 품어내며 강한 지배력으로 평화를 누린다.

영향력

혁신적인 생각으로 고도의 이상적 가치를 드러내야 할 때 효과적인 힘을 준다.
기존의 선입견 때문에 필요한 다른 대안을 수용하지 못할 때 받아들일 수 있도록 돕는다.
많은 생각들로 혼란스러운 상황에서 집중하여 하나의 답을 구해야 할 때 도움을 준다.
단, 지나친 사용은 진보적 개혁이 아닌 강력한 통치력과 함께 독단적 태도로 드러날 수 있다.

모태 Absorption
2023년
Mixed Media, 33.2x52.6cm
Park, Kyong Hwa

4장
색채의 기본상징
Basic Symbols of Color

　색을 이해하기 위해서 그 구조를 다양하게 분해하여 살펴볼 수 있다. 색과 빛은 하나로 설명할 수 있는데, 구조적으로 삼원색 또는 오원색처럼 원색의 개념과 종류로 구분하기도 한다. 사람의 인지발달과 능력은 색 지각 발달의 과정과 내용을 통해 드러난다. 색은 시각을 통해 지각되기 때문에 빛의 작용으로 나타난다. 시각의 발달은 자궁 안에서 출생하면서 어둠에서 벗어나서 혼돈의 희미한 상태에 있게 된다. 이때부터 서서히 윤곽선을 보게 되고 색을 인지하게 된다.

　색은 눈을 감고 있는 상태에서 빛을 받아들이는 과정을 통해 흑과 백을 구분하게 되고, 빛을 충분히 받아들이면 서서히 인지하는 색의 종류가 많아지고 색감을 경험하게 된다. 미술에서 사용하는 크레파스나 색연필의 구성이 3색, 5색, 7색, 12색, 24색 등으로 세분하여 판매하는 것을 통해 색의 인지력을 알 수 있다. 어린아이는 색을 다양하게 인지하지 못하고 유목화의 상위 구조에서 색을 인지하기 때문에 제대로 표현하는 데 어려움이 있다. 어린아이가 색을 인지하면서 세상을 다양하게 보거나 평면에서 입체로 인식하게 되는 것과 마찬가지로 색의 원리는 세상의 질서와 구성과 작용의 원리를 잘 보여준다. 색의 물리적 작용을 이해하면, 색의 심리적, 정신적 작용에 대해서도 이해할 수 있게 된다.

현대 사회는 색을 이해하고 활용하는 것을 중요하게 다루고 있다. 색채는 물질의 성격을 드러내고 인식에도 영향을 미치며, 산업 전반에 걸쳐 중요한 역할을 한다. 또한 색은 삶 속에서 인류의 가치관을 반영하기도 한다. 일상에서 조화로운 색이나 색이 주는 인지적 효과를 굳이 설명하지 않더라도, 색의 영향력은 지대하다. 따라서 색의 영향력을 이해하기 위해서는 색이 가진 기본적인 힘과 상징을 알아야 하며, 이를 통해 색이 사람의 정서와 감정을 얼마나 다양하게 표현하는지 이해할 수 있다.

색의 본질적 에너지와 다르게 사람마다 다른 경험으로 색에 대한 인식이 다를 수 있다. 한국 사회는 한국전쟁으로 인해 Red에 대한 부정적 정서가 강했다. 소위 레드콤플렉스는 Red에 대한 트라우마를 잘 보여준다.

2002년 월드컵에서 붉은 전사들을 응원하는 'Be the Reds'가 전 국민의 환영을 받으면서 붉은 색의 트라우마를 벗어난 것처럼 보인다. Red에 대한 거부감은 전쟁을 통해 흘린 피나 공산당의 상징처럼 부정적인 이미지로 각인된 데서 비롯된 것으로 보인다. 이는 색의 본질적 상징과 일부 일치하기도 하지만, 균형잡힌 이해가 아닌 특정 사건이나 경험에 의해 인식에 왜곡이 나타나기도 하는 것이다. 이처럼 색은 개인의 경험 또는 집단의 감정이나 정서를 반영하기도 한다. 사람마다 선호하는 색이 다르기 때문에 일반화하기 어렵고, 다른 사람과의 관계나 경험에 의해 형성되는 경우가 많다. 그 결과 색에 대한 반응은 의식적 수준을 넘어 무의식적으로 드러나며, 외부 자극에 의해 반사적이거나 투사적으로 표출되어 통제하기 어렵기도 하다Eliade, 1991.

잠재의식은 물론이고 개인 경험이나 집단무의식을 표출시킬 수도 있다. 이 과정에서 표층적 개념은 의식 수준에서의 색에 대한 이해와 개념을, 경험적 차원에서 의식하지 않고 경험되는 정서를 반영하게 된다. 자신도 모르게 원형적 차원에서 색이 가진 에너지를 반영할 수 있다. 이런 점에서 개인이 가진 경험의 세계를 넘어서는 집단 무의식적인 원형을 반영할 수 있다. 원형적 색의 상징을 이해하고 다루기는 쉽지 않지만, 사람들은 자신이 의식하지 않은 상태로 색을 언어처럼 사용하여 자기감정을 드러내기도 한다Merleau-Ponty, 2005. 공통 색의 의미를 따르기도 하고 경험적 색의 의미에 의존하기도 한다. 한때 신호등 체계 변경에 대한 논의가 있었던 적이 있다 Jean, 1997. 색을 기반으로 한 신호등 체계를 가진 교통신호를 기호를 반영한 것으로 바꾸려는 것이었다. 이 과정에서 상당한 혼란이 생겨 결국 시행착오를 거쳐 폐기되었다. 상징과 기호의 충돌로 익숙해진 인식에 오류가 나타나 혼돈이 나타난 것이다.

그림 8. 신호등 체계와 기호

기존의 신호등 체계는 빨강과 노랑, 그리고 초록으로 구성된 시스템이었는데, 이를 화살표를 기반으로 하고 색을 통해 사인을 주려고 한 것이다. 하지만 의식적 수준의 기호와 무의식적 수준의 색채 사이에서 혼란이 나타났고, 붉은 화살표 신호에 진행하고도 인식에 오류가 생겨 사고가 늘었다. 기획 의도는 배경색의 상징을 전제했지만, 의식 수준의 기호인 화살표로 인해 무의식적 반영이 되지 않은 것이다. 신호등 체계에서 보듯이 오히려 빨강 색은 금지의 상징성보다는 화살표를 더 잘 보이게 하는 효과를 나타내 화살표가 두드러지게 함으로써 결국 진행하게 된 것이다. 이런 시행착오는 결국 색의 상징과 화살표라는 기호 사이의 혼란과 저항에 결국 색상만으로 신호를 표시하도록 환원되었다.

신호등에 사용되는 빨강, 노랑, 그리고 초록의 삼원색은 각각 위험, 주의, 그리고 안전을 상징한다. 이는 세계적으로 동일하게 인식되는 원형적 상징이라고 할 수 있다. 세계 어느 곳에서건 빨간색은 위험이나 경계의 신호를 나타낸다. 이 신호는 사람의 지각을 통해 몸으로 반응하게 되는 것이다. 이것은 단순한 규칙을 넘어 본능적 에너지를 반영한다. 이 본능적 에너지는 사회화의 과정과 경험을 통해 관념화되어 왔다. 이 관념을 통해 교육이 이루어지고 인지적으로 받아들이게 되었다. 하지만 이런 지식과는 달리 색이 주는 에너지가 있고, 그 에너지가 다양하게 파생되어 나타난다는 점에서 색채에너지는 다양한 적용의 가능성을 보여준다. 이런 에너지는 인류의 경험 속에서 자리하게 되었고, 실제 사람들에게 의미를 부여하는 기능을 수행해 왔다. 이런 과정에서 색은 감정이나 정서의 언어로 자리매김하였다에자키·스에나가, 2003. 여성들에게 옷의 색깔이나 화장은 자신을 드러내는 주요 장치로 작용한다Allan & Barbara, 2005. 색은 고대 사상의 기본을 형성하는 종교, 천문, 기상, 도덕 등에 표현되어 있다. 고대인들은 색채를 현상적으로 인식하기보다는 주술의 상징으로 인식해 왔다. 지금도 무당이 있는 곳에는 노랑, 빨강의 깃발이 있는 것을 볼 수 있다. 색을 통해 현세와 내세의 세상을 연결해주기도 한다. 부적은 붉은색으로 그리고, 붉은 팥을 집 안팎에 뿌리기도 한다. 붉은 색은 불과 피와 연관된 색으로 긍정적으로는 생명, 사랑, 온기, 정열, 다산성을 상징하며, 부정적으로는 전쟁 피 흘림, 증오를 상징한다. 고대로부터 붉은 색은 위험을 보호한다고 믿어서 짐승이나 나무, 물건에 붉은 색을 칠해 목숨을 보호하곤 했다. 이집트, 로마에서 발견되며, 특히 로마지역에서는 사랑과 다산성의 의미 외에 권력을 상징해서 황제의 옷 색깔로 채택되기도 했다. 연금술에선 태양빛과 관련하여 새로운 출발을 신호하는 색으로 풀이된다. 또한 혁명의 색으로도 쓰인다 최연숙, 2006, 268. 그리스에서는 정신적으로 고통을 당하는 사람들이 즐거운 꿈을 꾸기 위해 흰 옷을 입었고, 피타고라스는 병을 치료하기 위해 음악과 시 그리고 색채를 사용했다고 전해진다. 의학의 아버지인 히포크라테스 Hippokrates: B. C. 460~?는 색채를 띤 식물들인 흰 오랑캐꽃, 자주색 오랑캐꽃, 백합, 붓꽃, 수선화, 장미, 노랑색 샤프란 등을 약으로 처방하기도 했다. 이처럼 색은 인간의 정신에 영향을 미쳤다.

1666년 아이작 뉴턴Newton이 프리즘을 통해 스팩트럼을 얻어내면서 색채는 상징적 대상에서 과학적 대상으로 그 영역이 확장되었다Loske, 2020. 백색광을 분해하여 눈으로 볼 수 있는 색의 범위를 밝혀냄으로써 빛과 색의 관계를 입증한 것이다. 이로 인해 과학자는 물론이고 예술가, 시인, 곤충학자, 지질학자와 식물학자를 비롯하여 철학자에 이르기까지 색과 관련한 논문을 발표하기도 했다. 특히 독일의 대문호인 괴테Göethe: 1749~1832는 과학적 차원을 넘어 미학적, 심리적, 그리고 철학적 관점을 포함하여 색채를 분석하였다. 색채를 관찰자의 시각과는 아무 관계가 없는 객관적인 실체로 파악한 뉴턴과 달리, 괴테는 색을 인간의 이성, 오성, 감성, 상상을 바깥 원의 색채와 연결하여 설명했다. 괴테의 '색채론'은 인간이 색을 어떻게 느끼며, 이미지를 환기하거나 주목하

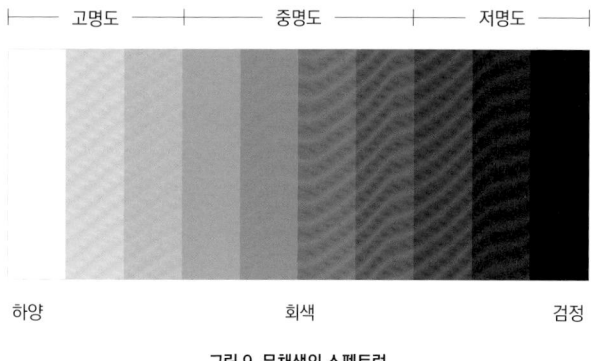

그림 9. 무채색의 스펙트럼

는지, 색에 따라 어떤 정신적 작용을 일으키는가와 감수성에 따라 포착할 수 있는 현상학적인 인식영역을 탐구하였다. 이런 연구는 색채를 연구하는데 기반이 되었고 다양한 접근을 하도록 도왔다. 이처럼 색이 주는 정서인 색감은 인간의 심리적 경험과 더불어 다양하게 분류되었다. 화학적이고 색채학적인 분류에서부터 다양한 기준에 따라 구분된 것이다.

 색을 분류하는 기준과 방식은 18세기 이후 급격히 발달하였다. 색상환이나 색 피라미드처럼 다양한 방식으로 색의 구조와 관계를 볼 수 있도록 하였다. 이런 구분은 색에 대한 발달과 색의 조합을 통해 다양한 색을 만들 수 있는 기반이 되었다. 다른 측면에서 색의 특성을 반영하여 구분하기도 한다. 가장 일반적으로 구분하는 것은 무채색과 유채색으로 말하면 흑백과 컬러로 나누는 것이다. 흰색, 검정, 그리고 회색처럼 채색彩色이 없는 무채색無彩色: Achromatic Color과 색을 가진 유채색有彩色: Chromatic Color으로 구분하는 것이다. 무채색은 흰색과 검정, 그리고 회색과 같이 채도가 없는 색으로, 자연광 아래에서는 어떤 물질이 가시광선 전 영역에서 고르게 빛을 흡수, 반사하기 때문에 나타나는 색이다. 빛을 반사하는 정도가 클수록 흰색에 가깝고 적을수록 검은색에 가깝게 된다. 괴테는 검정과 흰색은 엄밀한 의미에서 색이 아니라 빛이라고 하기도 했다Loske, 2020.

이에 반해 유채색은 색상, 명도, 채도를 가진 색으로, 흰색, 검정, 그리고 회색을 제외한 모든 색이다. 유채색은 분색되지 않는 기본색을 중심으로 각 색을 조합하여 만들어진다. 유채색에는 빨강, 노랑, 녹색, 파랑, 보라와 같이 색에 특성을 부여하는 색상이라는 성질이 있고, 또 색의 강약을 나타내는 채도 또는 포화도라는 성질이 있다. 명도, 색상, 그리고 채도는 색의 기본 성질로 색의 3속성이라고 한다.

유채색과 무채색은 색의 속성에서 구분되는 차이뿐 아니라 빛을 통해 드러나는 것에서도 차이가 나타난다. 광원색의 성질은 기본적으로는 물체의 색과 같지만 밝기를 물체 고유의 명도라는 형태가 아니라 빛의 밝기로서 가지고 있으므로 측광량側光量으로 분류하는 점이 다르다. 무채색은 자연광 아래에서 가시광선 전 영역에서 고르게 빛을 흡수, 반사하기 때문에 나타나는 색이다. 빛을 반사하는 정도가 클수록 흰색에 가깝고 반사가 적으면 검은색에 가까운 색이 나타난다.

색을 구성하는 기본색인 원색은 일반적으로는 3가지 색으로 알고 있지만, 학자에 따라서는 더 많은 색을 제안하기도 한다. 색은 기본적으로 원색을 중심으로 한 여러 색의 조합과 균형을 통해 새로운 색을 만들게 된다. 이런 범주화에 따라서 색의 종류는 무한대로 확장될 수 있다. 색의 인식과 조합은 감각과 지각 능력에 따라 달라진다. 일반적으로 생후 2-3개월이 되면 모든 색상을 구별할 수 있고, 생후 4개월이 되면 주변의 사물을 적색, 녹색, 청색, 황색의 기본 범주 색상들로 범주화하게 된다. 하지만 실제 감각 능력은 이런 색에 대한 지각과는 다르게 실제 색을 구분하는 데 어려움이 있다Shaffer & K.Kipp, 2012. 색은 일반적인 인식체계 안에 있지만, 실제 색을 이해하고 설명하기 위한 구분은 다양하게 작용할 수 있다. 나아가 개인의 경험과 색에 대한 인식이 작용하면 더 많은 색을 만들어 낼 수 있게 된다. 색의 특성을 이해하게 되면서 색을 통해 세상을 표현하도록 돕는 색조가의 활동이 시작되었다. 화학의 연금술과 유사하게 이해하며 제약사처럼 세상에 존재하는 특별한 색을 만드는 것이다Loske, 2020. 이런 활동은 색을 이해하고 문화적, 심리적 작용과 이해를 위한 기반을 마련하는 계기가 되었다.

Achromatic 계열

태초에 본질로 절대적 힘을 담은

    Black은 태초부터 존재하는 근원적 에너지로, 모든 것의 시작과 근원을 상징한다. 성경의 창조도 깊은 어둠 속에서 시작되며, 흑암 속 숨겨진 것이 드러나 세상을 이루게 된다. 무한한 가치를 지닌 Black은 모든 것을 흡수하고, 주변의 빛도 그 안에 머무르게 하며, 드러나지 않지만 강력한 힘으로 에너지를 모아 새로운 힘을 만들어낸다. 괴테는 Black을 색이 아닌 원초적 빛으로 보았는데, 성경에서도 흑암 속에서 하나님의 말씀으로 빛이 생겨 낮과 밤이 나뉘는 과정에서 드러난다. Balck은 아무것도 없는 듯 하지만, 가장 큰 힘과 무게로 세상의 모든 에너지를 연결하고 활성화하는 근원적 색이다.

    원초의 색 Black은 세상의 모든 색 중 가장 강력한 힘을 지니며, 모든 빛을 흡수하여 모든 색의 힘을 품는다. 겉으로 드러나지 않지만 모든 존재의 근원으로서 세상의 모든 에너지를 머금고 있어 우주의 바탕이 된다.

공간 너머 무한의 깊음을 이루며, 새로운 생명이 탄생하는 자궁처럼 암흑 속에서도 생명을 준비하는 힘을 내포한다. 어둠과 생명의 시작을 함께 가진 우주의 본질로써, 질서와 원리를 드러낸다.

    Black은 맑고 깨끗한 것 아니라 추하고 더러운 것까지 모두 흡수하여 하나의 큰 힘을 형성한다. 흘러 들어오는 것을 연결하며 지식과 지혜를 포함한 세상의 힘을 통합하는 흡수와 창조의 에너지를 갖는다. 영화 루시 Lucy, 2014에서처럼 과거와 현재, 미래를 관통하는 강력한 힘으로 나타나며, 삶을 마지막으로 이야기하는 종말의 색이면서도 자궁의 생산과 회복의 힘으로 생명의 시작을 상징하기도 한다. 암흑과 공포, 죽음을 나타내지만 동시에 새로운 시작과 희망을 담으며, 절대 권력과 불안, 두려움을 내포한다. 해가 뜨기 전이 가장 어둡다는 말처럼 가장 깊은 어둠 속에서도 희망을 포기하지 않도록 힘을 주며, 신비로움과 생명을 동시에 표현한다.

양 (陽)	절대적인 힘, 지배력, 권력, 위엄, 진지함, 엄숙함, 신비로움, 강력함, 출발, 통합, 융합, 합하여지는 힘, 이상세계, 세련됨, 충만함	음 (陰)	파괴, 상실, 압박, 위압감, 가둠, 억압, 강요, 혼돈, 혼란, 어두움, 종말, 사악함, 육체적 본능, 타락, 극도의 부정

Achromatic 계열

비움의 충만한 힘을 담은

White는 아무것도 없는 듯하지만, 모든 빛을 포함하는 투명과 불투명, 빛과 색의 있음과 없음 모두를 드러낸다. 색으로는 불투명한 흰색이며, 빛으로는 실체 없는 모든 것의 합으로 '없으나 무엇인가 가득 채운' 자신감의 에너지Whole를 지닌다. 가까이 다가가면 예민하고 강력한 힘으로 범접할 수 없는 에너지를 발산한다. 신비로움을 가지며 순수하고 고결하면서도 어떤 색과도 조화를 이룬다. 분산되거나 부서지지 않고 다시 합쳐지는 빛을 통해 세상을 밝히고 감춰진 것을 드러내며, 어두운 것은 더 어둡게, 밝은 것은 고유하게 돋보이도록 조명 역할을 한다. 반면에 강력하면 눈이 부셔서 볼 수 없거나 다른 색을 퇴색시키기도 한다.

White의 에너지는 절대성과 시작, 비움을 통한 풍요로움을 가진다. 모든 빛과 보이지 않는 색도 포함하는 완벽한 색으로, 전체를 하나로 만들면서도 드러나지 않고, 공정과 순결, 민감성을 통해 세상을 투명하게 드러낸다. 화합과 조화의 이상세계를 구현하며 순수함과 깊이를 나타낸다. 투명하여 깊이를 가늠할 수 없고, 있는 것을 없는 것처럼 만들기도 하는 White는 모든 색을 통틀어 가장 순수하게 일관된 완벽함을 보여준다. White는 무거운 짐을 지고 책임지는 이에게 내려놓음과 새로운 시작의 용기를 준다. 비움을 통해 새로움을 드러내는 창조성을 발휘하며, 없지만 가득 차 있어 범접할 수 없는 에너지를 제공한다. 검정과 함께 죽음과 부활 즉, 탄생과 소멸의 순간을 동시에 담고 있다.

  White는 신부의 드레스처럼 순수함과 고결을 나타내며, 영적 풍요와 내적 정화를 드러낸다. 백합은 큰 키와 아름다운 자태로 고결함을 보여주고, 다이아몬드의 투명성은 절대적 맑음과 완전성을 전달한다. 지나치게 청결을 강조하거나 집착하는 사람에게 White의 선호가 나타나며, 쉽게 오염될 수 있다는 특성으로 강박과 예민함, 실패에 대한 불안을 유발할 수 있다. White는 드러나지 않지만 모든 것 위에서 나누고 희생하며, 어떤 힘도 요구하지 않고 비움으로 영역을 확장한다. Black이 채우며 힘을 갖는다면, White는 비움과 확장을 통해 세상을 드러내는 에너지이다.

양 (陽)	초월, 영적 풍요로움, 완전함, 고결함, 순결함, 투명성, 맑음, 경이로움, 충만함, 성스러움, 출발, 탄생, 관대함, 청결, 정화, 치유, 통찰력
음 (陰)	강박성, 심리적 압박감, 경계심, 예민함, 불안감, 실패, 인색함, 예민, 비어있음, 공허함, 집착, 차가움, 두려움, 현실불만족

Achromatic 계열

지혜와 중용의 힘을 담은

    Gray는 밝지도 어둡지도 않은 무채색으로, 흰색과 검정의 혼합색이다. 냉정하고 단단한 금속이나 안개처럼 실체가 없는 미지의 세계를 나타내기도 한다. 색의 양면성을 가장 잘 드러내면서도 어느 방향으로 움직일지 알 수 없는 미결정의 상태를 나타낸다. 혼란과 결정에 대한 주저함으로 앞으로도 뒤로도 나아가지 못하는 상태로 내면에서의 혼란과 동시성을 나타낸다. 동이 트기 전의 상태인 개와 늑대의 시간을 반영하며 명확히 드러나지 않는 색이다. 은이나 백금처럼 고급스럽고 세련되게 나타나기도 하며 지저분한 먼지나 재처럼 흩뿌려지기도 한다.

    Gray는 시작도, 끝도 없으며, 조급하지도 않고 여유가 넘치지도 않는 절제미와 함께 억지로 만들기 위해 무리수를 두지도 않는다. 마음의 평안을 만드는 힘으로 평화를 추구하며 고요함 속에서 성숙함을 지향한다. 자신을 감추는 힘과 동시에 회피를 통해 자신을 지키며 평정심을 가질 수 있게 한다. 자신을 성찰하며 세상을 서서히 드러나게 하는 힘을 통해 변화를 만들어 간다. 현재의 속박과 번뇌를 벗어나도록 하며, 불안과 긴장을 이완시키는 에너지를 가지고 있다. 쉼과 평안을 통해 편협하지 않도록 하며 집중과 균형을 유지하려는 힘이 강하다. 흰색과 검정의 중간에서 집중과 선택의 에너지와 비워내거나 채우려는 동시적인 에너지의 움직임으로 혼란을 만들기도 한다. 성장을 통해 혼란과 긴 어둠을 뚫고 나온 인내력을 바탕으로 지혜롭게 세상을 헤쳐나갈 힘을 갖는다. 새벽 미명의 Gray는 어둠과 밝음의 중간에서 불분명함과 무기력을 나타내고, 혼란을 통해 깊은 밤의 끝자락에서 경험하는 절망과 희망을 동시에 준다. 마지막 고비를 앞에 두고 더 깊은 인내가 필요하며, 어떤 결정도 내릴 수 없어 스스로 비관하거나 은폐하고 싶은 마음으로 절망을 선택하게도 한다. 반면에 인내의 끝자락에서 밝아오는 아침의 환희를 경험할 수 있는 희망을 선물로 받을 수도 있다.

    Gray는 안개처럼 자신을 감추는 색으로, 때로는 우울과 회피를 불러일으키지만 동시에 본질을 비추어 안정과 풍요를 아우른다. 중용은 억압이 아닌 드러냄 속에서 균형을 이루며, 회색은 주체도 객체도 아닌 자유의 가능성을 품는다. 혼란 속에서도 태풍의 눈 같은 고요함과 치우침 없는 강인함과 포용을 상징한다. 종교인의 Gray 예복은 지혜와 성찰을 드러내며 욕심을 내려놓은 안정감을 보여준다.

양 (陽)	안전, 중용, 지혜, 중립, 끈기, 성숙, 신중함, 참회, 차분, 회개, 고상함, 강인함, 무게감, 관대함, 자유로움, 평정심, 용서
음 (陰)	혼란, 혼도, 모호함, 고독, 우울, 의기소침, 고집, 은폐, 무감각, 미결정, 무기력, 불분명, 비관함, 현실외면, 슬픔

Red 계열

강한 의지로 실행의 힘을 담은

    Red는 태양에서 비롯된 기본 에너지로, 지평선이나 수평선 위로 온 힘을 다해 자신을 드러낸다. Red의 강력한 힘은 바다와 하늘까지 온통 붉게 물들일 수 있다. 열정과 지칠 줄 모르는 끈기로 결과를 만들어내고, 개혁적 힘과 강한 지도력에 기반한 창조적 힘은 세상의 모든 일을 역동적으로 추진할 수 있도록 한다. 붉은 색의 기운은 무기력하고 나태한 상태에서 벗어나 장애물을 넘어 삶의 목표를 실행할 수 있게 한다. Red의 불은 힘이고 생명의 기운으로 활동성이 강하나 예측이 어렵기 때문에 도움과 동시에 큰 위협이 되기도 한다. 힘이 없는 사람에게 동기가 되지만, 힘든 일을 겪는 사람들에게는 분노로 표출되기도 한다. 구속을 거부하는 정열과 충동은 폭발적인 힘을 통해 주체적, 자율적, 능동적 지배력을 갖는다.

    붉은 색의 기운은 태양과 같은 강렬한 에너지의 근원이며, Red의 힘이 부족하면 만성적 우울상태에 머무르게 된다. 극복하기 위한 붉은 에너지, 즉 동기화 열정을 찾아 어두움을 걷어내고 도전하는 용기를 준다.

　　Red는 구속을 거부하고 정열과 충동으로 빠르게 행동화되고, 폭발적 힘과 자극은 내적 흥분을 강화해 외부로 발산되어 영향력을 지닌다. 생명 유지의 본능과 밀접한 Red는 부활과 동시에 생명과 죽음, 위험, 분노를 상징하며, 삼킬 듯이 다가오는 산불과 같이 거침없이 드러난다. 화산의 용암같이 모든 것을 녹이거나 불태워버려 자신 안에 가두거나 없애버리는 것이다. 또한 Red는 성욕과 애정, 피와 육체를 상징하는 원초적 색으로 충동성과 공격성을 나타내며 활발한 생명력을 준다. 혁명과 폭동으로 이어지기도 하는 Red의 에너지는 공격과 파괴의 힘을 가지고 있다. 색 중에서 가장 의지적이고 열정적 매력을 지니고 있으며, 위험을 경고하기도 한다.

　　Red는 지구상의 여러 색 중 가장 의지적이고 열정적인 매혹을 지닌다. 다른 색과 섞여 있어도 강렬히 드러내며, 두드러져 보인다. 쉽게 흥분해 단순한 반응을 하기도 하지만 정이 많고 따뜻한 에너지로 약자를 보호하려는 본능이 있다. Red는 그 무엇과도 견줄 수 없는 확실한 정체성이 있으며 꾸밈 없는 자기를 갖는다.

| 양 (陽) | 실행력, 열정, 생명력, 지배력, 강인함, 리더십, 외향성, 획득력, 용기, 현실적, 명확함, 강한 정체성, 의지력, 따뜻함, 역동성 | 음 (陰) | 파괴력, 공격성, 본능성, 즉흥적, 권위적, 격렬함, 단순함, 오만함, 분노, 고통, 흥분, 무례함, 폭발력, 죽음, 전쟁, 광란, 위험, 무력감 |

Red계열
자유의 즐거운 힘을 담은

　　Orange는 Yellow의 농도를 짙게 하여 Red를 향해 전진하는 색으로 상승하는 에너지와 함께 따뜻하고 부드러운 편안함을 갖는다. 강렬한 Red에 비해 부드러운 기운을 가지며, 즐겁고 신나는 에너지와 친화적인 태도로 사람들의 마음을 끌어당긴다. 이로 인해 Orange는 자연스럽게 시선을 머물게 하는 관심Attention의 에너지로, 자신을 자유롭게 솔직하게 드러낼 수 있게 한다. Red의 강렬함과 Yellow의 밝음과 만나면서 생기는 긴장과 방어적 태도는 Orange의 호감과 수용으로 전환된다. 그래서 자기 생각을 편안히 표현할 수 있도록 돕고, 공감과 지지를 제공한다.

　　Orange는 즐겁고 생동감 있는 활력의 색으로, 큰 빛을 방사하며 Yellow의 따뜻한 에너지를 끌어올려 Red의 드러내는 힘을 지닌다. 이 자유로운 에너지는 때때로 Red와 Yellow에서는 드러나지 않은 음의 기운으로 불안과 분노를 일으킬 수 있다. 괴테가 언급했듯 Red의 농도를 짙게 한 Orange는 상승 속에 어둠을 내포하며, 지나친 발산은 내적 갈등과 만나 과민함과 부적절감을 증폭시킬 수 있다.

Orange는 뜨거운 Red와 부드러운 Yellow의 만남으로 따뜻하고 온화한 명랑함을 주며, 즐겁고 생동감 있는 활력으로 포용적이고 역동적인 힘을 갖게 한다. 따스한 햇살과 함께 잘 익은 열매의 상징은 축제 같은 즐거움과 사교를 연상시킨다. 능동적 측면은 자유로운 창조성을 드러내며, 한 곳에 머무르지 않고 활동하면서 자신을 표현한다. 쾨스틀린이 말한 '밝은 충만함'을 상징하며 자유로운 활력을 드러낸다.

Red의 성공 지향적인 힘에 Yellow의 특성이 Orange의 성취와 인정 속에서 편안함과 따뜻함을 나눌 수 있는 여유와 기쁨을 준다. 삶의 어려움 속에서 지친 마음에 활기를 불어넣고, 내면의 열정을 발견하게 한다. 긍정적 에너지 통해 세상을 아름답게 만들 힘을 주며, 상실감을 극복하고 관계를 회복하며 우울감 극복의 힘을 주기도 하며, 미래를 향한 용기와 문제 해결의 동력을 제공한다.

양 (陽)	자유, 개방, 활력, 기쁨, 사교, 양기, 자기애, 창의력, 생기, 자기확신, 본능성, 창조성, 원기, 사회성, 융통성, 밝음	음 (陰)	가벼움, 억압, 고독, 열등감, 사치, 화려함, 경망함, 권세, 요란함, 자극적, 흥분, 동요, 극도의 애정결핍, 자기과시

Red계열
견고함과 견실의 힘을 담은

    Brown은 흔들리지 않는 뿌리와 단단한 대지 위에 선 고목古木 같은 강력한 에너지를 가진다. 소박하면서도 무궁한 가치를 담고 있으며, 대지로부터 끌어올리는 강력한 힘을 가지고 있다. Brown의 견실한Steadiness 에너지는 그만의 고유한 특성을 반영하며 상처와 아픔에 대한 세월의 깊이를 품는다.

    뿌리를 깊이 내린 나무는 산사태를 막고 긴 가뭄에도 물이 마르지 않게 하는 강력한 에너지의 근원이다. 소박함 속에 강건함을 지니며, 세찬 풍파에도 흔들리지 않고 자신의 자리를 지킨다. 또한 자신을 외부로 드러내는 Orange와 고집스러운 Black의 어우러진 특성으로 세상을 살아갈 힘과 자신의 자리를 지키려는 힘과 더불어 강력한 힘을 갖는다.

    Brown은 세월을 머금은 숙성된 힘을 지니며, 뿌리를 통해 세상과 연결되는 나무처럼 드러나지 않은 에너지를 발휘한다. 강한 바위도 서서히 부스러뜨리는 힘과 세월을 지켜보는 인내가 있으며, 변하지 않는 견고함과 함께 적절한 변화가 공존한다. 스스로를 믿고 의지하며 세상을 헤쳐 나가는 힘은 존재감을 드러내고, 깊이 내린 뿌리로 지탱하는 능력이 있다. 든든한 믿음을 통해 변화를 만들어내며, 창조적 작업을 통해 더 강한 존재를 만들 수 있다. 또한 선입견 없이 세상을 받아들이고, 존재를 인정하며 함께 하는 내면의 에너지를 끌어낸다. Brown은 진실과 정직으로 세상을 이끌고, 원동력과 저항력을 통해 강인함과 견고함을 동시에 드러낸다.

Brown은 고집스러우며 융통성 없는 견고한 자아로 신뢰와 탄탄함을 드러낸다. 대지의 포용력과 강인함을 지니며 장래성과 생식력을 상징하고, 가을의 결실처럼 풍요롭고 견실한 삶을 반영한다. 고난과 시련을 극복하며 풍요에 대한 기대와 희망을 품게 하고, 대지의 속성처럼 풍성한 자원과 생명력을 지닌 모성을 보여준다. 또한 겨울의 얼어붙은 땅에서 피어나는 강력한 생명을 상징한다. 다른 에너지를 억압하려는 지배성과 건조함과는 다르게 무궁무진한 자원의 보고가 되기도 한다. 빛을 머금고 있다가 빛을 점차 잃기도 하며, 다른 색으로 변화하면서 아름다움을 드러내기도 한다. 변화의 시기에는 정체성을 잃거나 자신감을 상실해 현실세계의 상실감을 이상세계로의 도피적 태도를 보이기도 한다.

| 양 (陽) | 안정, 충실함, 풍요로움, 끈기, 검소, 순박, 고난의 극복, 견실함, 강한 의리, 겸손함, 평화로움, 차분함, 탄탄함, 넉넉함 | 음 (陰) | 억압, 고집, 자기기반의 불안, 자신감 상실, 건조함, 가난, 불평, 욕구불만, 현실도피, 완고, 궁핍, 노여움, 소외감, 신체적 병약감 |

Green 계열

유연한 빛으로 희망을 담는 *Yellow*

 Yellow는 빛Light의 에너지를 지니며, 봄 햇살처럼 겨울의 언 땅을 녹이고, 개나리처럼 자신을 드러내는 긍정과 희망을 전한다. 따스한 햇살은 나그네의 외투를 벗게 한 순화와 기대를 주어 삶의 무게를 덜어주고, 밝음과 가벼움으로 행복과 기쁨을 느끼게 하며 유연한 변화를 이끈다. 괴테는 노랑을 지고의 순수함에서 밝음의 본성을 지니며, 명랑하고 다채로우며 부드러운 자극을 주는 특성이라고 하였다. Yellow는 원동력과 활력을 주며, 밝고 부드러운 따스함으로 널리 퍼져나가 모든 색 중에 가장 눈부시고 선명한 외향성을 보여준다. 태양을 기반으로 생명과 질병의 양극성을 상징하며, 만물을 깨워 다시 태어나도록 하는 부활의 의미를 지닌다.

 Yellow는 대지에 뿌리를 내린 생명에 싹을 틔우고 열매를 맺게 하는 빛으로 생명력을 품는다. 병아리나 어린 생명의 탄생을 떠올리게 하며, 희망과 기대 속에서 풍요를 상징한다. 그러나 질병과 죽음 같은 상징적 의

미도 지니며, 불안과 흥분, 큰 욕구와 예민함으로 인해 광기의 색으로 작용할 수 있다. 때로 날카롭고 차가운 느낌을 주기도 하며, 화를 잘 내거나 망상, 간질 등의 질환을 가진 사람에게 선호되기도 한다. Yellow는 왕권, 종교, 통치의 상징으로 황금색과 함께 위엄을 나타내며, 불안과 질투 같은 부정적 의미로 사용되기도 한다. Yellow는 새로운 삶을 기대하게 한다. 호기심이 풍부하고 희망적 정신 활동과 창조성을 이끌어낸다. 통찰력이 뛰어나 새로운 가능성을 발견하고 세상을 유연하게 바라보게 한다. 새로운 아이디어를 얻고 싶을 때 도움이 되기도 하지만 자기표현이 명확하지 않아 혼란을 겪거나, 확신의 부족으로 실행을 주저하기도 한다.

    Yellow는 자존감을 높이고 자기애적 성향을 반영하며, 즐거움과 따스함을 통해 미래에 대한 두려움과 좌절감을 덜어준다. 그러나 자기 색의 본질이 분명하지 않아 비판적이거나 의심 많은 태도로 나타나고, 때로는 변덕스럽게 드러나기도 한다. 희망을 품고 행복한 꿈을 꾸지만, 쉽게 포기하거나 관심을 다른 곳으로 돌리는 회피적 에너지를 보이기도 한다.

양 (陽)	빛, 행복, 희망, 기대, 변화, 지혜, 낙관적, 향상심, 기쁨, 유연성, 나눔, 명랑함, 밝음, 호기심, 환상, 따스함, 외향성	음 (陰)	질투, 예민함, 소심함, 변덕, 교활함, 비겁함, 신경질, 불만, 유아적, 자기과대평가, 질병, 연약함, 외로움, 어두움

Green 계열

편안한 성장의 힘을 담은 *Yellow Green*

　　Yellow Green은 봄의 기운을 머금은 새싹의 색으로, 강한 생명력을 드러낸다. 바위를 뚫고 올라오는 힘은 세상을 바꿀 시작을 상징하며, 떡잎의 미소 같은 연약함 속에 확고한 의지가 숨어 여리지만 온 힘을 다해 세상과 마주하는 변화의 시작이며, 연약해 보이지만 강한 미래를 차곡차곡 쌓아가는 성장 에너지를 품는다.

　　Yellow Green은 Yellow의 밝음과 Green의 안정감이 어우러져 안락한 공간을 설계하며 긍정적 미래의 싹을 틔운다. 지적 향상심을 바탕으로 원칙을 세우고, 안전하게 자신을 성장시키려는 희망을 품는다. 새 생명의 힘으로 세상을 변화시키는 출발의 에너지이자, 젊음의 가능성을 담고 있다. 안정의 Green과 희망의 Yellow가 결합되어 무리하지 않고 차분하게 성장 목표를 이루려는 힘을 제공한다. 서두르지 않고 기본을 지키며, 한 걸음씩 정직하게 나아가는 성숙한 태도를 상징한다.

Yellow Green은 여성적 미와 조화, 사랑의 여신인 비너스를 닮았다. 부드럽고 상냥하며 친절한 마음으로 따뜻한 사랑을 전해 상대에게 기분 좋은 온기를 준다. Green보다 Yellow가 포함되어 있어 능동적이고 쾌활한 따스함을 띠지만, 어린 새싹처럼 미성숙함으로 중심을 잡기 어렵다. 불안이 생기고 대인관계에서 공포나 경계심을 느낄 수 있으며, 외부의 작은 자극에도 쉽게 놀라거나 예민해져 소극적 태도가 강화되기도 한다.

Yellow Green은 성장과 시작의 힘으로 변화를 위한 도전의 기회를 제공하며 출발을 위해 안전한 계획을 세우는 실행의 힘을 준다. Yellow Green은 목표를 위해 자신을 세워, 성장시키기 위해 필요한 에너지이다. Yellow Green은 강하게 밀어붙이지 않지만 안전하고 조심스럽게 꾸준한 인내를 가지고 세상의 유혹에도 흔들림 없이 자기 길을 가게 한다. 편한 마음으로 위기를 넘어 미래에 대한 긍정적 에너지를 갖게 한다.

양 (陽)	성장, 편안, 부드러움, 순수, 상냥, 배려심 있는, 온화, 친절, 바른, 사랑, 따사로움, 쾌활함, 자유로움, 섬세함, 교육, 배움	음 (陰)	의존적, 보호욕구, 허약함, 불안, 센티멘탈, 상실함, 경쟁심, 소극적, 억제, 미성숙, 대인공포

Green 계열

질서와 균형의 힘을 담은

    Green은 안전과 충성을 바탕으로 한 안정의 에너지를 지닌다. 욕심을 부리지 않고 원칙과 규범에 따라 질서와 균형을 유지하는 힘이 있다. 숲을 조망하는 시각과 나무를 바라보는 세밀함을 동시에 품는 균형의 힘을 얻는다. 자연을 대표하는 Green은 회복과 안정을 주며, 한결같은 상록수처럼 충실함과 건강을 상징한다. 욕심을 내려놓고 에너지를 나누며 조화와 균형을 중시한다. 또한 편안한 심신의 안정을 제공하고, 뚜렷한 기준과 신뢰를 바탕으로 관계를 맺는다. Green은 균형과 조화의 힘으로 논쟁의 중립적 가치를 지향하며, 불필요한 갈등보다는 질서 유지의 에너지를 드러낸다.

    Green은 관대한 여유와 더불어 때로는 엄격한 경직성을 동시에 지닌다. 재생과 회복의 에너지를 통해 마음과 몸의 균형을 이루며, 감정을 이완하고 평온하게 하여 심신의 안정을 준다. 색의 스펙트럼 중간에 위치한

Green은 긴장과 갈등의 사이에서 충격을 완화하고, 충성과 신뢰를 바탕으로 관계를 회복하며 안정감을 형성한다. 신선함과 평화를 상징하며, 마음을 진정시켜 부드러운 평온을 준다. 동시에 내적 후퇴와 감정의 억제, 흥분의 제어를 나타내는 색으로, 조화와 균형 속에 더 이상 나아가지 못하는 정체의 그림자를 품고 있다. 이는 충만한 안정으로 인해 더 이상의 의지를 필요로 하지 않기 때문이다.

중세 유대의 전설적 지혜인 카발라교에서는 정의가 자색의 친구라면, 왕의 자비는 녹색의 연인으로 묘사된다. 신의 권능이 White, Red, Blue의 신비적 조합으로 드러날 때, 그 은총의 영역으로 Green이 나타난다고 전해진다. 이로써 Green은 성탄의 상징자, 넘치는 창조에 대한 신의 애정과 은총을 담은 화해의 색이다. Green은 생명과 생존의 색으로, 자양분을 주는 어머니 같은 관대함과 단숨에 삼켜버리는 상실과 잔인함을 함께 가지고 있다. 그러나 봄마다 되살아나는 재생의 힘은 죽음을 넘어 새 생명을 부여하며 치유를 경험하게 한다. 이러한 Green은 기쁨, 슬픔, 열정을 조화롭게 품어 끊임없는 부동성으로 영혼의 휴식을 제공한다.

양(陽)	균형, 치유, 관대, 조화, 생명, 성장, 건강, 일체성, 겸손, 충성, 평등, 회복, 순수, 젊음, 평화, 안전, 이상, 안락, 배려	음(陰)	정체, 정지, 피로, 욕심, 거짓, 죽음, 인색, 잔인, 소유, 부정직, 이기적, 무관심, 자기만족적, 과로, 완고

Blue 계열

통찰과 논리의 힘을 담은

    Blue는 사고와 논리 에너지로 신뢰를 주며, 냉정함을 바탕으로 지성과 집중력을 만든다. 세상의 원리를 파악하고 통찰의 과정에서 감정을 조절하고 안정을 제공한다. 통찰Insight 에너지로 대표되는 사고 에너지는 감정에 휘둘리지 않고, 논리와 합리에 근거한 판단과 결정을 한다.

    Blue는 영적 의지와 이성을 통해 감정을 조절하고 순응하며, 통찰의 에너지로 신의와 신뢰를 바탕으로 성실하게 자신을 드러낸다. 하늘과 바다처럼 깊음과 넓음으로 평안을 가진 평화를 추구하며, 세상을 내면처럼 이해하고 성찰함으로써 자기 인식을 확장한다. 성실함과 계획성은 문제를 다루고 이끌어가는 힘이 되며, 인내와 노력의 결실을 준다. 차분한 에너지는 세상의 불안을 가라앉히고, 정체성을 위한 내면 성찰을 돕는다. 흥분을 진정시켜 평안을 제공하며, 감정보다 과제를 해결하고 올바른 판단을 하게 하는 힘을 준다. 대화를 통한 에너지의 교환 속에서 이성적 판단과 가치를 세우고, 균형 잡힌 계획을 만들어 간다.

하늘과 바다의 색인 Blue는 본질적으로 끝없이 먼 곳과 심연을 상징한다. 중심을 향해 움직이는 물리적 운동처럼 내면으로 침잠하는 성향을 지니며, 짙은 톤일수록 강렬하게 다가와 깊은 내면에 작용한다. Blue의 심상은 바다나 호수의 심연 속에서 드러나며, 휴식을 통해 차분한 에너지를 발전시켜 나간다.

만질 수 없지만 모든 것을 감싸고 보호하는 무한의 하늘은 하늘과 땅의 양면성을 드러내며 포괄적 에너지를 나타낸다. 초월적 상징으로 천상과 지상을 중재하며, 결속과 신의, 신뢰와 헌신의 마음을 표현한다. 차가운 이성을 대변하는 Blue는 사고적 처리로 신뢰를 구축하고 불변의 상징을 드러낸다. Blue의 애정과 인내는 듬직한 성실성을 나타내며, 책임감 있는 성품으로 순진하고 온순한 사람을 상징한다.

Blue는 괴테가 말한 '자극하는 무'처럼 직접 다가오기보다 한 걸음 물러서 눈길을 끄는 색으로, 겸허함과 차분함의 조용한 색이다. 소극적 내면화를 보이며 타협하고 후퇴하는 듯하지만 결코 사라지지 않고 머무는 매력이 있다. 우울, 염세, 슬픔을 담고 있으며, 신비한 환상과 꿈의 분위기 속에서 진지하고 슬픈 기분을 불러온다.

양 (陽)	신뢰, 책임감, 성실, 소박, 순진, 침착, 소통, 인내, 계획성, 지성적, 사고적, 충실, 공식적, 모성, 내면의 탐색, 진지함	음 (陰)	차가움, 보수적, 무력감, 공허함, 내향성, 관계도피, 소극적, 불성실, 냉담, 반성, 우울, 고립, 불안, 권태, 환상몰입

Blue 계열

심연의 직관적 힘을 담은 *Indigo*

    Indigo는 깊은 심해의 어둠과 고요, 그리고 적막의 세상을 만든다. 강한 집중력과 계획성을 넘어 본질적 가치를 탐구하는 힘을 가진다. 현상의 이면과 현실의 근원에 있는 깊은 이상과 가치를 분석하는 근본 에너지이다. Blue에 Black이 더해져 깊은 통찰을 이루며, 고요한 집중은 고도의 심연을 향해 나아가 더 큰 차원의 의미를 끌어낸다. 이는 완성도를 지향하는 인내와 고통을 담고, 자신을 중심으로 세상을 재편한다. Indigo의 심연은 미미해 보여도 가장 큰 변화를 일으키고 근원적 가치로 영적 숭고함과 창조의 신비로움을 나타낸다. Indigo는 일의 혼란과 갈등 속에서도 에너지의 이동과 원리를 살펴 세상의 이치를 찾아내는 힘을 가진다. 직관적 통찰은 문제의 본질을 꿰뚫어 근본적 해결 방안을 제시하며, 차분히 탐색할 힘을 준다. 자기 통찰과 정화를 통한 분석은 정신세계로 통하는 영적 에너지를 제공하고, 새로운 질서와 가치를 창출하는 원동력이 된다.

Indigo는 흥분 없는 고요로 마음을 진정시키고, 주변에 동요하지 않는 힘을 준다. 깊은 안전을 느끼며, 고립을 택해 내면의 조화를 이룬다. Indigo의 심오한 깊이는 품위를 부여하고, 과정에서 결과까지 완성도를 높인다. 높은 집중력은 진지함과 합리적인 기획력으로 이어져 낭비 없는 성숙한 모습을 만든다. 그러나 고대에서 Indigo는 불안에 따른 죽음과 추악함을 상징했으며, 여성에게는 정숙과 정절의 요구로 쓰이기도 했다.

Indigo는 얼음처럼 차가운 느낌을 주며, 냉정하고 창백한 기운 속에서 객관적 접근은 두려움을 불러온다. 이상주의를 바탕으로 분석력을 높여 과제에 집중하게 하지만, 동시에 주변의 자극을 차단해 자신의 깊은 생각에 갇히며 권위적이고 편협한 태도로 군림하기도 한다. 이러한 몰입은 이기적 냉정함으로 이어져 타인과의 소통에서 불신과 두려움을 일으킬 수 있다.

| 양(陽) | 객관적, 냉철, 분석, 이상주의, 높은 집중력, 직관력, 진정, 안정, 계획, 철저, 기품, 정숙, 합리, 완벽, 극도의 고요함, 생명력, 성숙 | 음(陰) | 혼란, 혼도, 모호함, 고독, 우울, 의기소침, 고집, 은폐, 무감각, 미결정, 무기력, 불분명, 비관함, 현실외면, 슬픔 |

Blue 계열

이상과 창의적 힘을 담은 *Purple*

    Purple은 Red와 Blue의 대극의 에너지를 하나로 모아 이상과 현실을 환상으로 전환하는 힘을 가진다. 보이지 않는 미지를 드러내며, 서로 다른 힘을 창조적으로 결합해 기존의 에너지를 토대로 자신만의 가치와 특성을 발현하게 하며, 희미하지만 분명한 실체로 나타나도록 한다. 창조적 에너지는 두 성질을 새로운 하나로 통합해 생각이나 활동이라는 이분법적 구조를 넘어 제3의 구조를 창조하고, 이상적 사고와 정신적 지각력을 가능케 한다. 고귀한 에너지를 지니며 평범함을 거부하고, 잔잔하지만 특별한 가치를 드러낸다. 영적 통찰과 리더십을 포함해 세상을 이상적 가치 속에 담도록 독려한다. 이상을 현실에서 실현하고 싶을 때 강하게 작용하며, 창의적 성찰을 통해 차별된 특성과 이상적 가치를 구체화한다. 이는 일상의 안위보다 높은 이타적·우주적 가치를 지향한다.

Purple은 통일성 없이 분열적이며, 삶과 죽음의 중간 영역에 존재한다. Red와 Blue의 배합으로 두 에너지가 자신의 힘을 포기하지 않고 대립하면서도 통합과 균형을 향한다. 내면 성찰과 탐색의 힘을 갖는 Blue와 능동성을 지닌 Red가 합쳐져 초월적 탁월성을 이룬다. 불의 열기와 얼음의 차가움이 섞인 듯한 모순의 조화는 특별하고 매혹적인 에너지로 물질과 영적세계의 경계를 초월하게 한다. Purple의 위엄은 통일적 지혜를 나타내며, 영적 변환과 창의적 긴장을 통해 세상의 변화를 형상화한다. 이 힘은 차크라의 제3의 눈과 연금술적 영적 변형 과정과도 연결된다.

Purple은 저녁 하늘처럼 죽음과 멸망을 연상시키며, 우울과 저조한 기분을 통해 슬픔을 상징적으로 드러낸다. 칸딘스키는 보라색에 병적이거나 힘을 잃게 하는 특성이 있어 슬픈 느낌을 내포한다고 하였다. 이는 Purple이 강력한 두 에너지의 합으로 조화를 이루는 탁월성을 지니면서도, 동시에 불안정한 자아와 고난, 질병으로 나타나는 허약함을 내포한다는 의미이다.

| 양 (陽) | 탁월, 정신력, 영적지도자, 창의, 회복, 위엄, 세력, 지혜, 매혹, 신비, 신성, 영적 힘, 이상주의, 헌신, 박애정신, 고상, 영감, 직관 | 음 (陰) | 우울, 독단, 오만, 불안정, 과대자기, 의심, 포기, 죽음, 병, 고통, 고난, 회개, 불신, 무책임, 노여움, 멸망, 광기, 불행, 허약, 충격 |

PT
SUN

II
색채심리분석의 이해

5장 피썬세피라의 원리

6장 피썬세피라의 상징

7장 피썬세피라의 해석

5장
피썬세피라의 원리
Principles of PESUN Sephira

색채심리에 대한 연구는 오래전부터 시작되었다. 막스 러셔Max Luscher는 '러셔 색채 심리 검사'를 활용해서 색채와 성격 사이의 상관관계를 설명하였다. 러셔의 방법은 오렌지, 빨강, 밝은 노랑, 파랑, 초록, 어두운 파랑, 보라, 갈색, 회색과 검정을 보여준 다음, 좋아하는 순서에 따라 10개의 색을 늘어놓고 그 사람이 제일 좋아하는 색과 제일 싫어하는 색에 대한 해석을 제공한다.

하워드와 도로시Howard & Dorothy는 색채를 통해 성격을 분석하는 CRR 분석법Colour Reflection Reading을 개발했다. CRR은 빨강, 주황, 노랑, 초록, 청록, 파랑, 보라, 마젠타의 8개의 색 가운데 세 가지를 선택해 해석한다. 피검자는 개인적 취향에 따라 색을 고르고, 선택한 색은 그 사람의 특성과 연결지어 해석된다. 그리고 검사결과를 바탕으로 실천에 이르는 3단계의 과정을 거친다. 이 과정에서 순서가 중요한 의미를 가지는데, 첫 번째 색은 개인의 본질을 나타낸다. 두 번째 색은 무의식적 욕구나 결핍 상태로 수용해야 할 색으로, 해결해야 하는 문제를 나타내기도 한다. 세 번째 색은 목표를 의미한다. 이 세 가지 색의 조화를 통해 에너지 패턴과 특징을 읽어내 치료적으로 활용된다Howard & Dorothy, 2006. 하워드는 러셔의 심리검사에 탁하고 우중충한 색이 여럿 포함되어 있어, 색채심리나 치료적 측면에서 긍정적인 효과를 기대하기 어렵다고 보았다. 반면 하워드의 검사에는 긍정적인 반응을 이끌어낼 수 있는 색들이 사용되고 있다. 이는 하워드의 주장대로 기운을 북돋우는 색들을 사용하고 있지만, 그 자체로 불완전하다고 할 수 있다. 색의 치료적 접근은 결핍이 없어야 하지만, 하워드는 밝은 색을 추구함으로써 어두운 색을 자연스럽게 배제하여 결핍의 가능성을 남겨두었다. 물론 치료가 필요한 대부분의 사람들은 주로 어두움과 관련되어 있지만, 때로는 어두움이 필요한 경우도 있기 때문이다. 색이 한 경향에 치우치면 결과적으로 불균형을 초래하게 된다. 이런 점에서 색의 균형을 맞추는 것이 필요하다.

색의 균형과 통합을 위한 피썬 세피라PESUN Sephira는 12개의 점으로 이루어진 생명나무의 형태를 기본 구조로 한다Pollack, 2005. 일반적으로 알려진 생명나무는 10개의 세피라를 가지고 있고 피썬 생명나무는 12개의 세피라를 가진다. 생명나무의 원리는 호생互生, alternate에 기초하는데, 호생이라는 것은 나뭇가지에 잎이 나선형으로 달리며 줄기를 타고 올라가듯 성장하는 원리를 뜻한다. '피사의 레오나르도'Leonardo da Pisa라고 불리는 이탈리아의 수학자 레오나르도 피보나치는 수열을 통해 식물 속의 수학적 사실을 발견해 냈다. 꽃잎의 숫자나 나뭇가지가 번져 나가는 모습에서도 우주의 원리를 찾아볼 수 있다이병창, 2011. 나뭇잎의 호생배열도를 보면 12구조를 찾을 수 있다이창복·김윤식, 1985.

    이 구조는 일반적으로 숫자가 갖는 상징에 의한 구조적 완성이라고 할 수 있다Abt, 2006. 세피로트의 나무는 유대교 신비주의인 카발라의 영성을 통해 전수되었다. 유대인들은 오랜 세월동안 흩어져서 생활해왔기 때문에 카발라도 여러 가지 교리를 갖고 있다.

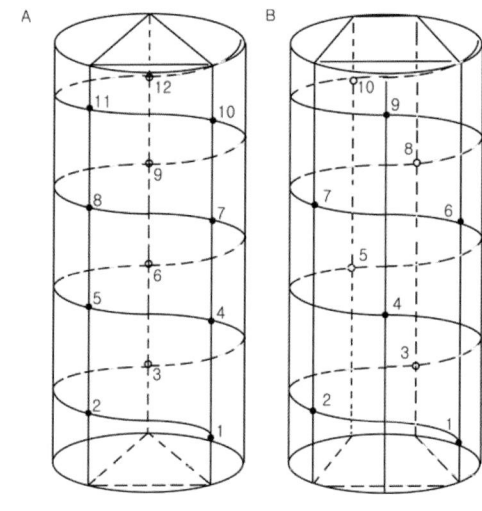

그림 10. 호생배열도

세피로트의 기본적인 구조는 신에 의한 에너지라고 할 수 있다. 신의 창조를 통해 탄생한 인간은 신의 협력자로서 창조과정에서 나타난다. 최초의 창조행위의 배경은 신이 자신의 얼굴을 보기 위한 것이라고 한다. 신이 자신을 보지 못하는 이유는 무한하면서도 그 자체로 무無의 존재이기 때문인데, 신이 한 걸음 물러남으로써 자신을 비춰줄 공간을 만들어 내게 되고, 이 때 에너지를 발산을 하게 된다. 이 발산은 각각의 단계를 거치는데, 이런 신의 속성을 나타내는 세피로트 각각을 세피라라고 한다.

세피로트는 한번 발산된 이후 무無로 되돌아 갈 때까지 상호 관계를 하며, 이 관계는 세 가지 작용원리를 통해 성장한다. 이 세 가지 원리는 각각의 속성과 원형을 나타내며 이런 세피로트의 모습을 생명의 나무 또는 세피로트의 나무라고 한다. 세피로트는 우주의

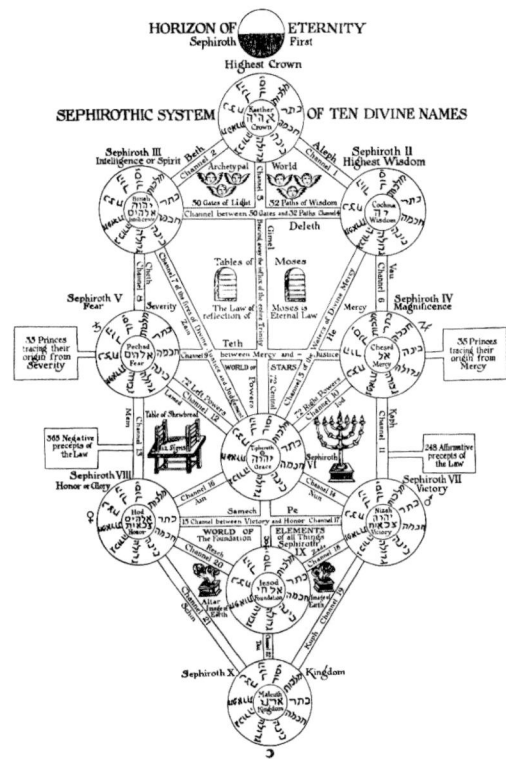

그림 11. 세피로트의 나무

원리와 힘을 보여준다. 우주의 원리는 인간이라는 소우주에 반영되어 있기 때문에 세피로트를 통해 인간의 에너지를 이해할 수 있다. 인간이 가진 기본적인 세 가지 명제는 공간, 시간, 인간의 명제를 가지고 있다. 이 단어들 사이에 있는 사이間는 '잇는다'는 의미를 가지고 있다. 인간은 살아있는 만남의 관계를 통해 자신에게 주어진 삶의 조건으로부터 자신을 구원할 책임이 있다고 할 수 있다이병창, 2011. 세피로트의 나무는 생명을 부여하고 생명의 에너지를 제공한다. 이 에너지의 흐름을 통해 빛을 완성시켜 나간다. 빛은 공간을 가득 채우고 있지만 눈에 보이지는 않는다. 세피로트를 통해 공간을 채우고 공간에 에너지를 제공한다. 물리학의 소립자의 원리들이 과학적으로 증명되기 전에 색채심리나 명상심리에서는 색채를 통해 사물의 이치를 이해하고 우주의 원리를 파악하여 이미 이 원리를 활용하고 있었던 것이다. 세피로트는 색을 통해 세상과 우주의 원리, 그리고 인간 이해를 돕도록 안내해 주는 것이라 할 수 있다. 균형이 깨진 우주는 스스로 자신을 지켜나가는 창조의 섭리를 깨닫게 하고, 인간의 삶에서 이 결핍과 불균형을 바로잡아 가는 원리를 배우게 한다 Fortune, 2009. 세피라로 해석되는 피썬 색채심리는 인간의 내면 심리와 대인 관계의 심리, 그리고 우주의 원리적인 이해를 가능하게 하는 중요한 통찰을 제공한다. 나아가 내면을 들여다보는 중요한 상징과 투사의 도구로 색채를 통해, 우주가 우리의 삶을 어떻게 이끌어 가는지를 이해하게 되고, 스스로 움직이는 우주의 주인공이 될 수 있게 된다.

피쎤PESUN은 인간의 삶을 반영하는 약어로 인간관계를 반영하고 있다. P는 Persona이다. 페르조나는 그리스에서 연극할 때 썼던 가면으로 역할을 부여받는 것을 의미한다. 융은 '페르조나는 외적 인격으로 사회가 요구하는 슈퍼 에고에 의해 만들어진 것'으로 설명한다. E는 Ego의 약자로 자신의 사고와 인식의 틀을 제공한다. 에고는 의식의 중심에서 자신의 삶의 주도성을 가지고 있다. 따라서 사람들은 자신의 모습으로 인식할 수 있다. S는 Shadow로 무의식의 중심이라고 할 수 있어, 궁극적으로 자신이 추구해야 하는 힘의 중심을 의미한다. U는 Unconscious으로 인간이 가진 기본 에너지의 원천을 상징하며 무의식은 에너지를 제공하는 힘의 원천이 될 수 있다. N은 Need의 약자로 필요한 에너지를 끌어 올리는 것을 의미한다. 이 구조가 세피로트의 세피라로, 색을 통해 성장하게 한다.

피쎤세피라에서 색의 선택은 일반적으로 사람들이 과거의 굴레에서 벗어나지 못하고 있다는 것을 고려한 선택과 해석을 지향한다. 일반적으로 그림해석에서 주로 관심을 갖는 것은 소위 그림자라고 하는 어두운 측면이다. 인간의 어두운 측면에 더 깊이 관심을 갖는 것이 일반적이라고 할 수 있는데, 피쎤세피라는 긍정적인 발전 방향을 찾아준다. 일반적으로 그림자란 자신이 가장 피하고 싶어하거나 싫어하는 것이라고 할 수 있다. 이러한 그림자를 거부하거나 인정하지 않고, 분석과 대립으로 대응하는 것은 자신에게 긍정적이지 않다. 그림자를 분석한다는 것은 빛을 등지고 있다는 의미로, 그림자를 분석해도 결과적으로 빛을 볼 수는 없다. 빛을 선택해야 그 빛에 도달할 수 있다. 빛이란 자기 자신에 대한 이해이다. 자기 자신을 들여다보면 자연스럽게 그림자를 두려워하지 않게 된다Johnson, 2006. 삶의 부정적인 에너지는 삶이 지겹고 고통스럽다고 푸념하는데서 나온다. 영혼이 깨어나고 삶을 아름답게 가꾸어가기 위해서는 발달을 지향해야 한다. 자신의 어두움과 그림자를 만나지 못하고 빛을 따라가지도 못하는 사람들에게 빛을 따라가게 하는 것이 피썬세피라의 목적이다. 어두움을 두려워하거나 그림자에 놀라는 것이 아니라 빛을 받아들임으로써 삶을 영화롭게 만드는 것이다. 그렇다고 어두움을 외면하라는 것은 아니다. 만물이 빛을 받아야 사는 것처럼 인간도 빛을 받아야 하고 이 빛을 통해 균형과 통합을 이룰 수 있어야 하는 것이다. 자기 성장을 지향하지 못하면 삶에 지치게 되고, 타인의 에너지를 착취하게 된다. 자신도 모르게 다른 사람들의 에너지를 빼앗는 약탈자가 되어 이런 모습이 일상에서도 나타나게 되는 것이다. 빛은 그림자를 만들기도 하지만, 빛을 없애기도 한다이병창, 2011. 사람들은 이 빛을 선호경향 또는 트라우마에 의해서 선택적으로 받아들인다. 따라서 빛을 분해한 색을 통해 자신의 발전 방향을 따라가는 것이 필요하다. 피썬세피라의 해석은 단순히 상태를 파악하는 성격검사에 그치지 않는다. 피썬은 개인의 상태를 넘어 삶의 목표와 지향점, 그리고 이를 완성하기 위한 방법과 에너지의 흐름을 이해한다. 궁극적으로 이를 바탕으로 삶을 설계하고 코칭하는 것을 목적으로 한다.

    빛은 색채를 가지고 있는데 이것은 우리 눈에 보이지 않는다. 우리 눈에 보이는 색채는 실제로 빛의 반사에 의해 드러난 색으로, 그 대상이 거부한 색이다. 따라서 이 색은 물질로서는 이미 충분히 가지고 있거나 수용하지 않아도 되는 색이라고 할 수 있다. 또한 외부로 드러냄으로써 자신을 보호할 수 있는 것이라고도 할 수 있다. 이런 성격을 심리학에서는 '페르조나'라고 한다. 페르조나는 슈퍼에고로부터 비난을 듣지 않아도 되도록 자신을 보호하기 위한 작용이다. 피썬의 첫 번째 색인 P에너지는 페르조나로, 선호경향 또는 외부로 드러내고 싶은 색이라고 할 수 있다. 이는 사회적으로 인정받는 슈퍼에고를 반영하고 있는 것으로, 표현되었을 때 거부감이 들지 않는 것을 의미한다. 그 색을 선호함으로써 인정받게 되는 경향성을 드러낸다고 할 수 있다. 하지만 이 색은 본질적인 자기 색이라기 보다는 외부로 드러내 보여주고 싶은 색이라고 할 수 있다. 페르조나는 우리가 되고 싶어 하는 모습인 동시에 우리가 세상에 드러내고 싶어 하는 모습이다.

두 번째 색의 E에너지는 자아로, 의식의 중심을 말한다. 의식의 중심이라는 것은 사고의 중심을 말한다. 따라서 두 번째 색이 외부로 드러나는 자신의 색에 에너지를 공급하고 있으며, 대개 이 색을 자신의 색이라고 인지하고 있을 가능성이 높다. 자아는 진짜 본연의 자신의 모습이 아니라 의식적으로 인식하고 있는 자신이다. 본래의 자신의 모습은 아니지만, 스스로 인식하기에 자신의 모습이다.

세 번째 색의 S에너지는 그림자를 상징한다. 그림자는 의식화 되지 않고 의식의 언저리에서 억압되어 있는 색이라고 할 수 있다. 따라서 균형과 통합을 이루기 위해 이 색은 상당히 중요한 역할을 할 수 있다. 1-2번의 색이 상태를 반영한다면, 3번의 색은 자신의 삶을 이끌어가는 삶의 목표가 될 수 있다. 그림자는 실제로는 피하고 싶거나 싫은 색이지만 사실 중요한 역할을 한다. 빛을 밝히면 밝힐수록 어두움은 확대된다고 볼 수 있지만 빛은 어두움을 몰아내는 것이 아니라 어두움을 두드러지게 하는 것이다. 따라서 이 어둠을 수용하도록 해야한다. 사회가 수용하는 것은 외부로 드러나서 다른 사람에게 보여지는 페르조나로 역할을 하거나, 자신의 내면의 계획이나 욕구로 드러난다. 사회가 수용하지 않는 것이 그림자가 되는 것인데, 성장은 이 그림자의 형성과 함께 진행된다. 따라서 그림자는 유쾌하지도 않고, 수치스럽거나 받아들이기 어려운 부분들이다. 이렇게 쌓인 그림자는 스스로 인식하지 못하면 부정이 되어 타인이나 다른 그룹에 투사가 된다. 일반적으로 드러나는 에너지는 페르조나와 에고를 통해 드러나고 인식되지만, 에너지를 축적해 놓은 그림자는 때로는 엄청난 에너지를 가지고 있어서 그림자가 자아보다 더 많은 에너지를 집적하게 될 경우에는 강한 분노로 드러나게 될 수도 있다. 따라서 이 그림자의 에너지를 성장으로 돌리지 않으면 혼돈과 부정에 빠지게 될 가능성이 높다Johnson, 2006. 또 이 에너지는 순간적으로 우울증이나 폭력성이나 부정으로 표출될 가능성이 높고, 선한 특질이나 소중한 것이 그림자로 둔갑할 수도 있다. 대부분의 사람들은 자신의 어두운 면을 감추려고 애쓰기 보다는 그림자의 고상한 면을 발견했을 때, 저항하느라 더 큰 에너지를 쓴다. 다시 말해 자신의 무능함보다는 심오하고 고결한 특질을 지닌 존재라는 사실을 발견할 때 혼란이 훨씬 커진다. 이런 점에서 그림자의 에너지를 긍정으로 드러낼 수 있도록 도와야 한다.

 네 번째 색의 U에너지는 무의식의 색을 대표한다. 무의식은 인간의 내면에 숨겨져서 드러나지 않는 에너지를 말한다. 종종 이 에너지들은 내면에서 드러나지 않는 에너지로 있지만, 무의식적인 힘을 가지고 있어 마치 괴물과 같이 작용한다고 할 수 있다. 이 색들 가운데 융은 무의식을 개인 무의식과 집단 무의식으로 나누어 설명한다. 개인 무의식은 개인의 경험에서 억압되거나 경험되었으나 의식화할 기회를 잃어버린 것들로 설명한다. 집단 무의식은 인류가 원초적으로 가지는 에너지들이라고 할 수 있다. 이는 원형으로 설명할 수 있는데, 이 에너지들이 인간의 원초적인 삶과 욕동을 보여준다고 할 수 있다. 이 에너지들은 그 특성과 에너지를 잘 드러내지 않는다는 것이다. 이 에너지들은 심리적으로 상당히 자아가 약화되었을 때나 심한 스트레스 상황에서 나타날 수 있다. 그러므로 이 에너지를 의식으로 드러냄으로써 건강한 에너지로 변환되어야 한다. 하지만 경험되지 않았던 에너지이기 때문에 불안과 불편을 동반할 수 있으며 여과없이 드러날 때 당황스럽게 할 수 있다. 꿈이 이를 잘 보여주는데 무의식의 언어인 꿈은 의식이 인지할 수 있도록 다양한 상징들을 통해 무의식을 표현한다. 상징으로 드러나기 때문에 다양한 가능성을 담지하고 있고, 이로써 불편한 진실을 외면하거나 지연함으로써 스스로를 보호하기도 한다. 이런 점에서 무의식의 에너지라고 할 수 있는 색들을 대표하는 4번째 색과 무의식의 근저에 있는 12번의 색은 불편하지만, 드러나야 하는 진실의 색이라고 할 수 있다. 빛의 본질을 회복하기 위해서는 그 어떤 색이라도 배제되어서는 안 되며, 특히 부정적 경험을 가지고 있는 색은 결과적으로 가장 중요한 색이 될 수 있다는 것이다. 12번째의 색은 세피로트의 뿌리에 해당하는 세피라로 뿌리에서도 가장 근저의 에너지라고 할 수 있다. 이 에너지를 끌어올릴 때, 전체 생명나무가 에너지를 받을 수 있게 된다. 나아가 4번의 무의식에 에너지를 공급함으로 3번 에너지를 뒷받침하게 된다. 12번의 패턴은 모멘텀을 형성하는데 있어 중요한 역할을 한다. 모멘텀이란 각 개인마다 지속적으로 작용되고 있는 습관적인 힘 즉, 사람들의 습관과 패턴인데 정신 또는 영혼의 세계에서도 이 원리가 적용된다. 부정적 모멘텀을 발달시키면 정신 에너지 창고가 비게 되고, 부정적이거나 불편한 에너지를 회피하거나 무시하게 되면 아무것도 하지 않는 모멘텀을 발달시키게 된다. 따라서 12번의 결핍에너지를 보충하려는 시도는 상위 에너지를 강화시키는 중요한 역할을 한다. 인간의 정신에너지는 최소치의 법칙이 작용하기 때문이다김민주, 2011. 최소치의 법칙은 독일의 식물학자 리비히가 제안한 이론으로, 식물의 생산량은 생육에 필요한 원소 가운데 가장 부족한 요소에 의해 결정된다는 것이다. 즉, 어떤 원소가 최소량에 미치지 못하면 다른 원소가 충분해도 성장은 불가능하며, 결국 가장 부족한 요소가 전체 생육을 지배한다는 것이다. 인간의 정신도 이와 같다. 통합과 균형은 결핍된 에너지를 채움으

그림 12. 최소치 물통

로써 이루어지며, 색채 에너지에서도 가장 비선호하는 색, 즉 12번 세피라가 정신 에너지를 보충하는 중요한 열쇠가 될 수 있다.

6장
피썬세피라의 상징
Symbols of PESUN Sephira

기본적으로 피썬세피라의 구조는 세 가지 힘을 보여주는 네 개의 삼각형의 조합으로 이루어져 있다. 이 삼각형의 조합이 하나의 나무를 이루게 되고, 이 나무는 생명나무로 알려져 있다. 세 개의 삼각형은 각각 신체와 정신으로 구분되어 있다. 인간이 인간일 수 있는 큰 두 흐름은 정신과 몸이라고 할 수 있다. 애니어그램의 영성은 세 가지의 에너지 중심에 정신 에너지인 '얼나'Spiritual Being를 첨가하여 설명하고 있다이병창, 2011. 세 가지 중심과 조화를 잡아주는 역할을 하는 것이다.

PESUN Tree 2013년 Mixed Media, 33.2x52.6cm
Park, Kyong Hwa

삼진법의 관점으로 보면 모든 현상은 일체성 안에서 상호관련이 있다. 세상의 모든 존재는 다른 것들과 분리되어 생각할 수 없고, 한 사람의 단순한 행동이나 생각조차도 온 우주에 영향을 줄 수 있다Johnson, 2006. 한 사람 한 사람은 독립된 개개인이지만, 지구상의 모든 인류가 모일 때 비로소 하나가 된다. 이 사람들이 하나로 연결되어 유기체로서 역할과 기능을 하게 되면 인류의 객관정신이 완성된다고 할 수 있다. 이를 시간으로 이해하면 과거, 미래, 현재의 3차원의 시간과 공간을 넘어서서 수직적 시간카이로스으로 초월한다. 이는 시간을 초월하여 지금이 곧 과거이자 미래라고 할 수 있다. 동시성의 원리라고 이해할 수 있는 이 흐름에서 인간은 어떤 대상과 사건에 대하여 바라보는 각각의 관점을 가지고 있다. 삶의 변화를 가져오려면 존재의 삶의 방향을 결정짓는 의식의 패러다임이 바뀌어야 한다Johnson, 2006. 이를 바꾸기 위해서 전체 정신에너지를 이해할 필요가 있다.

그림 13. 삼태극도

우리의 전통적인 에너지는 하늘無極과 땅太極, 그리고 사람人極의 삼태극으로 표현해 왔다. 하늘과 땅과 사람은 근본이 하나 곧 삼위일체이다. 삼태극은 적색과 청색과 황색으로 설명된다. 처음과 끝이 없이 꼬리를 물면서 계속 이어지는 무한성과 우주를 상징한다. 이 삼태극은 각각 이성머리, 감성가슴, 본성장을 의미하며, 각각이면서 하나이다. 어느 하나에 에너지가 집중되면 결국 인간은 균형을 잃게 된다.

카발라의 생명나무 도형에서 자비의 기둥과 공의 기둥 사이에 연민의 기둥이 위치함으로써 중심을 잡고 있다. 인간과 세계를 지배하는 힘과 형식, 그리고 관계를 창조적으로 조화시키는 것이다Pollack, 2005. 숫자 3은 방향의 요소를 가져온다. 창조의 전 과정에는 인과적 발달 방향과 목적적 발달 방향의 진화과정을 가지고 있다 Abt, 2006. 대립되는 두 에너지의 통합은 새로운 창조 에너지로 나타난다. 통합된 에너지의 3은 긴장과 대립들의 이끌림의 결과로 나타나며 의식의 탄생과 관련이 있다. 그림에서 보는 것처럼 에너지의 흐름을 보여준다.

삼각형의 구조는 12의 구조로 이어진다. 인간의 몸이나 세상을 이해하는 구조에서 12는 다양한 의미와 상징을 갖는다. 12라는 숫자는 여러 가지 측면에서 의미가 있다. 동서양을 막론하고 12라는 숫자는 중요한 의미를 지닌다Abt, 2006. 숫자 12는 1, 2, 3, 4, 6으로 나뉘는 숫자이다. 1은 모든 질서의 시작 전이나 창조가 시작되기 이전의 상태를 의미한다고 할 수 있다. 1이라는 숫자는 초기의 숫자이기도 하지만 통합의 숫자이기도 하다. 숫자 2

그림 14. 11세기 유럽에서 제작된 별자리표

는 1의 분열 또는 분리의 숫자라고 할 수 있다. 2는 양적 측면에서 1의 배수이거나 1을 나누는 숫자이기도 하다. 낮과 밤이 나뉘고, 하늘 위의 물과 아래의 물로 나뉘는 것이 바로 2의 상징이다. 숫자 3은 정반합의 원리에 의한 방향의 요소를 가지고 있다. 4는 자연수 중에 소수가 아닌 첫 번째 수이다. 6은 완전수라고 할 수 있다. 약수들을 더하거나 곱하거나 하면 다시 6이 된다. 숫자 6은 '1+2+3=6', '1×2×3=6'으로 설명된다. 중국에서는 하늘의 숫자인 3과 땅의 숫자인 2 그리고 창조적 원리를 나타내는 태초의 숫자 1을 모두 통합한 숫자로 인식되어 있다. 따라서 이 여섯은 창조물과 창조주의 통합적 완성을 상징한다Abt, 2006. 6을 두 배한 숫자인 12는 동양의 12지간과 달력의 12개월, 12궁도 별자리 등을 나타낸다. 12라는 숫자가 가지는 보편성은 원형적이라고 할 수 있다. 융은 원형을 모든 인류가 가지는 보편적 정신이라고 했다. 따라서 시대와 공간, 민족 등을 초월하여 작용한다고 할 수 있다. 영어에서는 12까지만 각각의 고유한 개별 명칭이 부여된다11과 12는 각각 Eleven과 Twelve로 불린다. 그럼에도 불구하고 개별성을 가지고 있는 것은 각각이 가진 상징적 의미가 있기 때문이라고 할 수 있다. 일 년은 열두 달이며, 각 달에 맞는 상징성이 있다Pollack, 2005. 동양에서는 12지신을 통해 열둘이 주는 상징성을 잘 드러내고 있다. 12지신은 실제로 수호신의 역할을 하고 있다. 이런 점들은 열둘의 구조에 대한 현실적인 적용의 가능성을 보여준다. 12지신은 월력을 통해 농경사회의 중요한 지침이 되어왔고, 12개월과 12시간 등 삶을 반영하고 있는 것이다. 이런 점에서 12개의 세피라를 가진 피썬세피라의 구조는 상당히 안정적이고 현실적인 에너지를 준다고 할 수 있다.

    피썬세피라를 통해 드러난 에너지는 결핍의 에너지를 보상하게 된다. 드러난다는 것은 가득 차 있음을 의미하고 차있는 것은 위로 올라오고 결핍된 것은 나중에 올라온다. 결핍은 끌어당기는 힘을 의미하며 두려움을 주고 원리적 측면에서 힘을 찾도록 한다. 마음은 심정 또한 입자적 관념이라고 할 수 있다. 고민을 하거나 자기 심정에 빠져 있을 때 입자 속에 묻혀 있게 된다. 자신의 마음에 파묻혀 있게 되면 시야를 가리고 현실을 바로 보지 못하게 한다. 하지만 현실을 바로 보기 위해서는 마음이 파동적 상태가 되어야 한다. 이를 보기 위해 에너지의 흐름을 이해해야 한다. 흐름의 상황을 살피고 마음을 들여다보면 현실을 다스릴 수 있게 된다. 현실을 마음으로 삼지 않으면 마음이 현실이 되어 자신을 괴롭히게 된다. 파동은 눈에 보이지는 않지만 우주에 실존하는 현실 세계의 질서와 평화 그리고 조화를 이루어내는 주체가 된다이병창, 2011. 이를 위해 부정적 이해보다는 좋은 성과를 내기 위해 기쁜 마음으로 즐겁게 일을 해야 한다. 우주는 항상 기쁘고 즐겁게 파동치고 있기 때문에 즐겁고 신나는 에너지를 찾을 수 있어야 한다. 신나는 에너지는 기본적으로 긍정에너지를 끌어올려야 함을 의미한다. 이 과정에서 결핍을 보완하고 부정을 긍정으로 변환하는 힘이 바로 피썬세피라의 힘이라고 할 수 있다.

  인간이 가진 생명 에너지는 파동으로 전기성 에너지와 자기성 에너지를 가지고 있다. 몸이나 물체에 나오는 에너지 파동을 오라Aura라고 하는데, 감정과 건강을 관장하며 몸과 마음의 밸런스를 조절하는 오라를 자기성 오라라고 하고 우주로부터 에너지를 충전 받거나 에너지의 강도를 관장하는 오라를 전기성 오라라고 한다. 오라는 모든 생명체에서 방사되는 영적인 빛으로 생명체를 둥글게 둘러싸고 있다. 키를리안 사진Kirlian Photography을 통해 생명체의 에너지장場을 볼 수 있다. 영성靈性이나 의식 상태, 영적 레벨에 따라 그 빛의 색깔이나 크기가 다르다는 것이다.

 이렇게 드러나는 다양한 색채는 자신의 에너지와 기운을 드러내는 것이다. 이는 눈에 보이는 물질의 세계가 아닌 파동의 에너지라고 할 수 있다. 인간은 누구나 이런 에너지를 가지고 있기 때문에 자신의 고유한 색채를 드러내게 되는 것이다. 파동의 에너지는 눈에 보이지 않지만 사람들에게 이런 에너지를 전달함으로써 자신의 기운을 주고받는 상호작용을 하는 것이다. 왠지 모르는 기운을 가지고 있다는 것이 바로 이런 것을 의미하는 것이다. 세피라의 구조는 인간이 가진 에너지의 강약을 잘 보여준다고 할 수 있다. 또한 이 에너지들의 흐름과 선호도가 인간의 정신 에너지를 이해할 수 있게 하며, 일상에서 이런 에너지를 어떻게 보완하고 발달시킬 것인지를 보여준다. 마음이 가는 곳에 현실이 따라오게 되고, 마음이 움직여 일을 하면 현실에서 성과가 나타나게 된다. 현실적인 적용이 없는 에너지의 이해는 무의미한 것이다. 그럼에도 불구하고 많은 사람들은 자신의 상태를 이해하는 것에서 그치고 만다. 자신의 상태를 아는 것은 현실에서의 한계를 극복하고 우주의 섭리와 원리를 이해하며 조화를 추구하기 위함이다.

7장
피썬세피라의 해석
Interpretation of PESUN Sephira

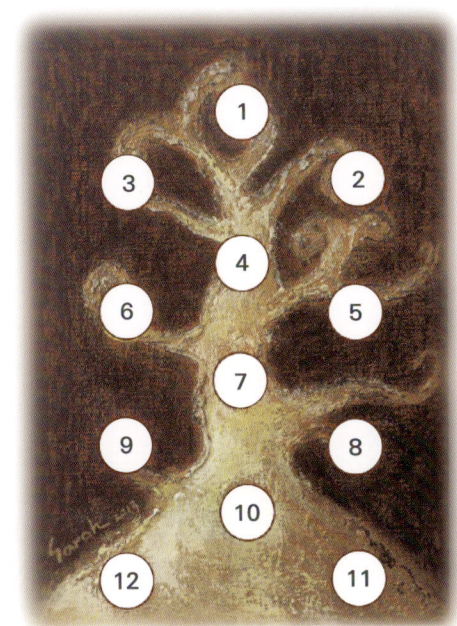

　피썬세피라는 다양하게 해석할 수 있지만, 우리가 제시하는 것은 번호 순서대로 해석하는 것을 우선한다. 피썬은 각각의 세피라를 읽을 수도 있고, 세 개의 큰 흐름을 이해하고 해석할 수도 있다. 세 개의 흐름이란 큰 줄기를 말한다. 큰 줄기는 오른쪽, 왼쪽, 그리고 중앙의 줄기이다. 이 흐름은 정신의 흐름을 보여주기도 한다. 이 흐름에 따라 각각의 정신을 이끌어가게 된다.

- **Persona-Ego Sephira**

한국예술심리상담협회에서 제시하는 색채해석은 우선 1번과 2번의 색을 해석한다. 1번은 페르조나의 색으로 해석되고, 2번의 색은 에고의 색으로 해석한다. 따라서 외부로 보이거나 드러나는 색은 1번의 색이지만, 2번의 색을 자아로 가지고 있다. 따라서 2번의 자아를 드러내고 성취하기 위해서 1번의 색 에너지를 사용하고 있다고 할 수 있다. 따라서 1-2번은 색채 에너지의 조합을 통해 해석하고 이해한다. 2번 에너지의 에너지가 주 에너지가 되어 1번 에너지를 통해 자신을 드러내기 때문에 2번을 중심으로 1번을 해석하는 것이다. 1-2번의 색은 현재 상태를 해석하는 근거가 된다.

1st
P-color : Persona
- 자신의 상태에 대한 기대를 반영
- 의식적 사용으로 외부로 드러나는 색
- 가상의 색으로 자신의 본질은 아니다.
- 자신의 필요를 얻을 수 있다고 믿는 색
- 사회의 요구 및 보여지고 싶은 색

2nd
E-color : Ego
- 자신의 현 상태를 반영
- P컬러의 실행동기로 작용
- 외적 에너지원으로 움직임을 갖는다.
- 자신에게 힘을 주는 색으로 작용
- 전면에 드러나는 것이 불편하여 한발 물러선 느낌의 색

• Shadow-Unconscious Sephira

1-2번을 읽은 다음에는 3-4번을 읽는다. 3번은 Shadow라고 할 수 있다. 섀도우는 자신의 내면에 억압하고 있는 에너지이다. 이 에너지는 자신을 성장시키는 에너지를 가로막고 방해하고 있기 때문에, 3번의 에너지를 성장시켜야 한다. 따라서 3번은 향후 자신의 삶의 방향이 될 수 있다. 삶의 방향을 살피고 설계하는데 3번의 에너지는 목표점이 되어야 한다. 하지만 3번 에너지는 억압되어 있는 에너지이기 때문에 그 힘이나 에너지가 제한적이고 거칠게 표출될 가능성이 높고, 부정으로 나올 가능성이 있기 때문에 성장의 에너지로 이끌기에 상당한 힘이 필요하다. 3번은 이런 에너지를 4번의 에너지로 공급받아야 한다. 3번의 성장에너지를 활성화시키기 위해서

3rd
S-color : Shadow
- 자신도 모르게 숨기고 싶은 색
- 드러남의 불편함으로 의식에 숨겨두는 색
- 다른 사람들에게 당신의 색으로 인식
- 수용하여 외부로 드러내야 하는 색
- 어두운 측면은 부정으로 드러날 수 있다.

4th
U-color : Unconscious
- 자신도 모르게 경험되는 색
- 자신의 내면에 숨겨져 있는 소망이 반영된 색
- 자신의 내면을 들여다보고 에너지를 얻는다.
- 부정적 영향을 나타내어 부정키워드로 발현
- S컬러에 긍정에너지를 주어 성장을 도움
- 삶의 목표를 세울 수 있다.

는 4번의 에너지를 끌어와야 한다는 것이다. 하지만 부정의 에너지가 나타나기 때문에 자연스럽게 12번의 에너지가 작용할 가능성이 있다.

    4번은 에너지로 읽어 주어야 한다. 3번을 지지하기 위한 기반으로 4번 에너지가 나타난다. 따라서 4번의 에너지를 통해 3번을 지지할 수 있어야 한다. 4번은 무의식의 컬러로 이해해야 하며, 무의식의 컬러는 일상적으로 표출되지 않고 억압되어 있다고 할 수 있다. 또한 이 에너지들은 억압되어 있거나 활성화되지 않은 에너지들이다. 따라서 불편하게 경험되거나 두려움이나 불안의 요소를 가지고 있다. 이 에너지들을 활성화하기 위해서는 4번 에너지를 어떻게 구체화해서 목표를 이루도록 할 것인가에 대한 고민이 있어야 한다. 이런 고민은 3-4번의 해석의 핵심이 된다. 피썬세피라에서 3-4번을 읽어내는 것은 미래를 위한 전망과 비전을 제시하기 때문이다.

• Need Sephira

Need Sephira는 12번째 오는 색을 말한다. 이 색은 실제로는 자신에게 선택받지 못한, 남겨진 색이다. 일부에서는 마지막에 오는 색은 이미 자신 안에 충분히 갖추고 있어 다른 필요한 색들이 우선적으로 선택된 것이라고 설명하기도 한다. 그러나 실제로는 오히려 부족한 색일 가능성이 크다. 이는 최소치의 법칙에 따라 가장 부족한 부분에서 결핍이 드러나기 때문이다. 다시 말해, 12번째 색은 인간 정신의 결핍을 반영하며, 그로 인해 부정이거나 결핍된 형태로 나타날 수 있다.

12번 색이 결핍되어 나타난다는 것은 성장의 발목을 잡는 역할을 할 수 있다는 것이다. 결핍되어 있다는

Last
N-color : Need

- 자신의 무의식적 결핍상태를 반영
- 싫어하거나 외면하는 색으로 드러남
- 코칭 및 치료에 있어 적절한 반영이 필요
- 메이저 컬러(P)와 대립구조의 가능성
- S컬러의 감퇴작용에 영향

것은 부정이 나온다는 것이 아니라, 부정적인 성향조차도 결핍되기 때문에 12번째 색이 갖는 에너지의 흐름을 회복하는 것이 필요하다. 이 에너지에 집착할 필요는 없지만, 이 에너지가 자신의 내적 환경을 혼돈스럽게 할 수 있다. 따라서 해석에 있어서 12번째 에너지는 적정량을 가지고 있어야 한다. 하지만 적당량을 유지한다는 것 자체로 불안을 증폭시키기 때문에 무기력하게 12번 에너지에 대한 정서적 불편감이 증대될 수 있다.

  결과적으로 내면에 존재하는 결핍의 에너지를 이해하고, 그것을 공급받는 것이 중요하다. 이 에너지는 자칫 성장에 부정적 영향을 줄 수 있기에, 늘 준비된 상태의 에너지를 유지해야 한다. 그러나 본질적으로 결핍된 에너지이므로 스스로 끌어올릴 수 있는 데에는 한계가 있다. 따라서 외부의 힘이나 대상을 통해 결핍을 보충해야 한다. 이 에너지를 통해 자신을 성장시킬 수 있는 동력을 얻을 수 있다. 따라서 12번 에너지는 4번의 무의식의 에너지에 공급되어야 하며, 이를 통해 12번의 에너지가 회복되어야 한다.

  해석에 있어서 N은 결핍 에너지를 상징하지만, 상징만으로는 얻을 수 없는 것이 이 에너지이다. 따라서 N에 대한 구체적인 설계를 해 주어야 할 것이다. 결핍 에너지(N)를 어떻게 공급받을 것인가를 설계하는 것이 해석의 핵심이다. 이는 관념적인 이야기가 아니라 코칭적인 해석이 가능할 수 있다. 이 해석이 3-4번의 에너지를 뒷받침하는 구체적인 근거와 자료를 전문가적인 견지에서 준비해야 할 것이다.

III
피썬세피라의 분석

8장　PE 세피라 분석

9장　SU 세피라 분석

10장　N 세피라 분석

PT SUN

8장

PE 세피라 분석
PE Sephira Analysis

　색채심리를 분석하는 첫 번째 단계는 12가지 색의 배열 중에서 첫 번째와 두 번째 색을 함께 분석하는 것이다. 두 색은 각각의 특성이 있지만, 실제 관계와 생활에서 복합적으로 나타난다. 첫 번째로 작용하는 P세피라는 'Persona'의 에너지로 세상을 대하는 외적 태도와 적응적 성격을 나타낸다. 첫 번째 특성으로 나타나는 P세피라는 사람들이 바라보는 자신의 성격과 특성이라고 할 수 있다. P세피라는 세상에 적응하며 살아가기 위한 방어적 태도로 개인의 적응 특성을 나타낸다. P세피라의 특성으로 세상을 대하기에 P세피라의 색은 양陽의 에너지를 주로 사용하게 된다.

두 번째 E세피라는 자아의 특성을 나타내는 것으로 현재 자신이 인지하고 있는 자신을 나타낸다. 자기 자신의 내적 특성으로 다른 사람이 바라보는 자신과는 다르며, 자신에 대한 자기 특성을 나타낸다. P세피라를 사용하며 자신을 드러내기 때문에 E세피라는 잘 드러나지 않는다. E세피라는 스스로 드러나지 않고 방어적으로 사용하기에 미숙한 특성과 태도로 나타난다. 이로 인해 당황스러운 순간을 경험하거나 숨겨진 자신의 마음을 잘 경험하지 못하기도 한다. 그러나 E세피라는 세상에 대응하는 태도로 실제 성격 특성이나 태도로 반영된다.

PE세피라 해석은 E세피라의 현재 상태를 드러내고자 E세피라가 필요한 특성으로 P세피라를 통해 구현한다. 각각 두 색의 에너지는 조화를 이루며 고유한 특성을 나타내고, 세상에 적응하며 살아가는 특성과 방법을 나타낸다.

PE 세피라 분석

 **1번 컬러**
P
페르소나
기대를 반영하여 외부로 드러내는 색

E
자아
2번 컬러
힘을 주어 실행 동기로 작용하는 색

*해석원리 :
E색의 현재상태(에너지)에 대한 필요로 P색을 사용하고 있다.

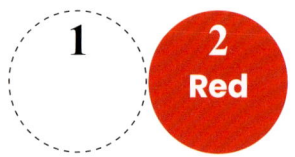

현재 상태는 **실행의 에너지**로
내면의 능동적 계획을 끌어올려 밖으로 드러내고자 한다.

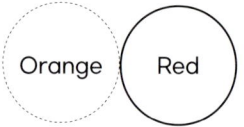

양(+) 강한 실행력으로 리더십 있게 자신을 드러냄에 있어 나서서 친화적으로 함께 즐기며 자유롭게 자신의 힘을 관철시키려고 한다.

음(-) 지배적이고 자기과시적인 성향을 지니고 있으며, 이는 다소 생각 없이 드러나 타인에게 가볍게 보일 수 있다.

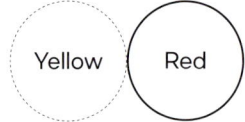

양(+) 현실적인 계획을 세워 추진력 있게 드러냄에 있어 독단적 실행의 힘이 아닌 희망과 기대감으로 즐겁게 실행하려고 한다.

음(-) 권위적이고 공격적인 강함을 지니고 있으며, 이는 다소 예민하고 신경질적인 모습으로 드러날 수 있다.

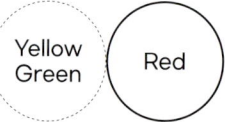

양(+) 적극적인 행동 에너지를 강한 리더십으로 드러냄에 있어 차분한 계획을 통해 부드럽게 배려하는 에너지로 사용하려 한다.

음(-) 자신의 힘 있고 지배력 있는 에너지가 불편하여 오히려 퇴행적이고 의존적인 모습으로 유약하게 드러낼 수 있다.

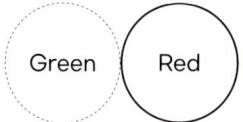

양(+) 행동력 있는 리더십을 표현함에 있어 독단적 리더십이 아닌 주변 상황과 맞추어 힘에 균형을 갖고자 노력하여 내·외면을 살피고 있다.

음(-) 지배적이고 행동력 있는 에너지는 상황을 맞추려는 균형감으로 인해 스스로를 억압하고 다소 고집스러운 성향으로 비추어질 수 있다.

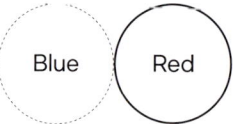

양(+) 힘 있는 행동 에너지는 추진력을 통해 독단적으로 강하게 밀어 붙이기보다 현실적인 계획안에서 다양한 사고로 신뢰감을 높이고자 한다.

음(-) 행동 에너지를 적극적인 실행력으로 드러내지 못하고, 깊이를 갖는 사고의 요구와 마찰을 일으켜 내면의 불편함으로 드러날 수 있다.

PE 세피라 분석

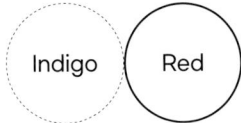

양(+) 행동에너지는 즉흥적 실행 에너지가 아닌, 깊은 통찰력을 가지고 객관적 분석에 의해 힘을 더하려고 노력하고 있다.

음(-) 권위적인 리더십은 편협한 독단성을 가지고 비판적이며 매우 엄격한 모습으로 드러날 수 있다.

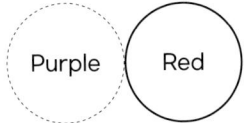

양(+) 현실적인 계획력과 열정적 실행 에너지를 드러냄에 있어 직관력 있는 탁월함으로 창의성을 높이고자 한다.

음(-) 지배력, 강한 리더십은 자신의 계획과 방향을 강압적으로 주장하며 편협된 사고로 드러날 수 있다.

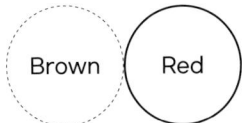

양(+) 단단하고 강한 힘을 안정적으로 숙고하고 견실하게 드러내고자 한다.

음(-) 현실 계획과 실행 사이에서 일치되지 않는 상실감은 내적갈등을 억압하며 불편함으로 드러날 수 있다.

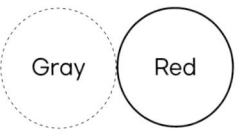

양(+) 실천적 계획과 능동 에너지를 외부로 여과없이 드러내기보다 신중하게 치우침 없는 중용의 모습으로 지혜롭게 드러내길 원한다.

음(-) 배려 없는 실행 에너지는 자기중심적인 태도와 함께 타인의 의견을 무시한 채 내면의 고집스러운 생각을 강요할 수 있다.

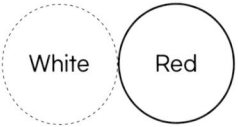

양(+) 힘 있는 계획성을 단순한 실행 에너지로 올리는 것이 아니라 보다 진중하게 완벽한 신뢰와 소신있는 드러남으로 표현되길 원한다.

음(-) 강한 주장과 권위는 자신의 기대에 집중되어 외부를 수용하지 못하는 태도로 드러날 수 있다.

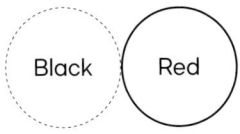

양(+) 현실적 실행력을 행동으로 드러내기보다 절대적 권위와 위엄을 통해 주변을 통제함으로 강력한 리더십을 갖고자 한다.

음(-) 적극적으로 표출하려는 실행 에너지는 내·외부의 자극으로 정체되어 드러낼 수 없음으로 인해 억압과 혼돈에 따른 불편감을 경험할 수 있다.

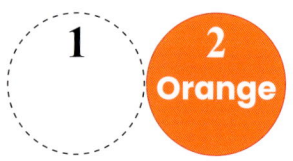

현재 상태는 **주목의 에너지**로
자신을 지지하며 자유롭게 외부로 향하고자 한다.

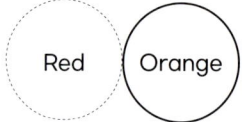

양(+)	자기만의 자유와 기쁨을 드러냄에 있어 여과 없이 원하는 에너지를 발산하며 표현하려고 한다.
음(-)	자신을 드러내는 힘을 지나친 자기과시로 표현하여 요란함이나 가벼움이 자칫 부적절한 상태를 드러낼 수 있다.

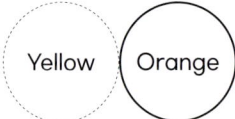

양(+)	자유로운 개방의 에너지는 즐거운 분위기를 드러내며 사교적인 힘으로 유쾌하게 소통하고 나누는 모습으로 표현되길 원한다.
음(-)	자신을 드러내려는 마음이 위축되어 표현되지 못하고 즐거움을 나누려 하지만 예민하여 소심함으로 드러날 수 있다.

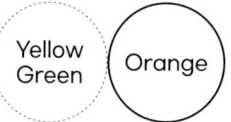

양(+)	자유로운 기대의 에너지는 편견 없이 안정감을 갖고 무리하지 않으며 편안하게 표현되길 원한다.
음(-)	자신에 대한 부적절감이 열등감으로 작용하여 이에 따른 심리적 위축은 소극적인 태도로 반영되어 드러날 수 있다.

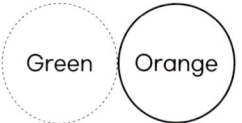

양(+)	자신을 자유롭게 드러냄에 내·외적인 상황을 조화롭게 반영하여 상호 균형적인 소통의 방식을 추구하려고 노력한다.
음(-)	자기 확신을 갖지 못한 정체감은 주변과 동화되어 무력감에 따른 이기적인 태도로 드러날 수 있다.

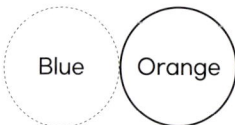

양(+)	힘 있는 행동 에너지는 추진력을 통해 독단적으로 강하게 밀어 붙이기보다 현실적인 계획 안에서 다양한 사고로 신뢰감을 높이고자 한다.
음(-)	행동 에너지를 적극적인 실행력으로 드러내지 못하고, 깊이를 갖는 사고의 요구와 마찰을 일으켜 내면의 불편함으로 드러날 수 있다.

PE 세피라 분석

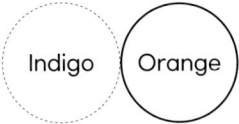

양(+)   자신의 사고와 감정에 대한 확신을 얻고자 통찰력 깊은 사고로 집중하며 계획성 있게 실행하려고 노력한다.

음(-)   자기다움에 대한 과도한 몰입과 편협한 자기집중으로 인해 권위주의적인 태도로 드러날 수 있다.

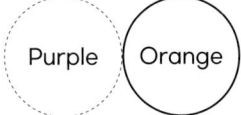

양(+)   자신의 개성과 자유로움을 외부와 타협하지 않고 자신만의 특별함과 창의성으로 원함을 실현시키고자 노력한다.

음(-)   자신의 생각을 자유롭게 표현할 수 없는 상황에 대한 억압된 심리는 욕구불만의 상태로 드러날 수 있다.

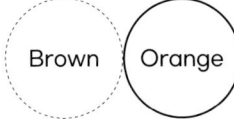

양(+)   자유롭고 건강한 즐거움을 편안한 친화력으로 안정적이고 포용력 있게 표현하려고 노력한다.

음(-)   자신의 생각과 행동이 그것을 드러낼 수 없는 상황에 대한 억압된 심리를 반영하여 욕구불만의 상태로 드러날 수 있다.

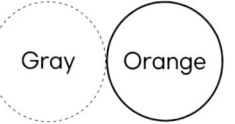

양(+)   자신의 생각과 행동에 소신을 가지고 치우치지 않는 신중함으로 지혜롭고자 노력한다.

음(-)   자신에 대한 불확실한 기대는 위축감으로 반영되어 스스로를 믿지 못하고 이러지도 저러지도 못하는 무력감으로 드러날 수 있다.

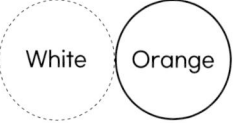

양(+)   자유로운 자신의 의지와 활력은 낙천적인 친화력으로 반영되어 진실되게 깊이를 더함으로 신뢰로움과 완전성을 추구하고자 노력한다.

음(-)   억압과 고독으로 스스로를 부동의 상태로 만들며 이에 따른 비난과 좌절감은 세상과 단절된 태도로 드러날 수 있다.

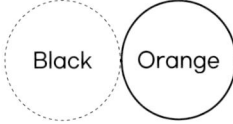

양(+)   자유로운 사고와 능동적 태도는 주목받고 싶은 자신에 대해 파워풀하고 힘 있는 권력과 위엄으로 드러나길 원한다.

음(-)   자신에 대한 열등감과 불신은 드러남이 불편하여 외부로 표현되기를 거부하고 스스로를 고립시키는 방어적인 모습으로 드러날 수 있다.

137

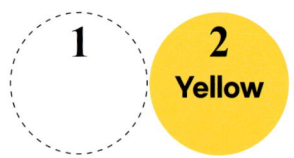

현재 상태는 **빛의 에너지**로
희망과 기대를 품고 유연성 있게 변화를 추구하고자 한다.

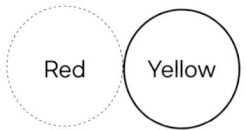

양(+) 희망에 대한 변화와 설레임은 변화를 원하며 그것을 드러냄에 있어 현실적인 계획을 가지고 적극적으로 실행하려고 한다.

음(-) 변화에 대한 욕구는 단순한 즉흥성이 충동적으로 표현되므로 신경질적이며 미숙한 태도로 드러날 수 있다.

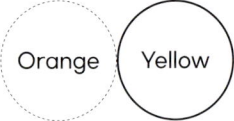

양(+) 따뜻한 관심으로 소통하는 에너지는 사교성을 더하여 개방적인 기쁨 안에서 역동적으로 표현되길 원한다.

음(-) 유아적 기대에 따른 미숙한 표현은 가볍고 변덕스럽게 반영되어 그에 따른 부적절감으로 스스로에 대한 불만과 억압이 드러날 수 있다.

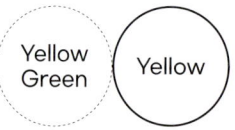

양(+) 희망의 온기와 함께 새로운 모습을 기대하며 부담스럽지 않게 편안한 안정감 속에서 차분히 성장하고 싶은 마음을 드러낸다.

음(-) 소심함은 불안을 자극하며 예민함으로 드러나고 그에 따른 위축은 소극적 태도로 반영되어 무기력한 태도로 드러날 수 있다.

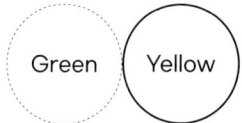

양(+) 따스한 온기는 안정적인 기쁨이 되어 주변과 어우러져 조화롭게 함께 나누는 모습으로 드러내길 원한다.

음(-) 유아적 기대로 인한 상실감은 유연성을 낮추고 상호작용을 기피하며 고집스럽게 드러날 수 있다.

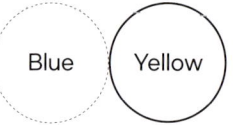

양(+) 자신의 생각을 실용화하여 변화를 적용시키기 위해 심사숙고하며 보다 신뢰로운 결과를 창출하려고 노력한다.

음(-) 지지적 반응을 열망하는 유아기적 태도는 정서적으로 불안정한 모습과 함께 편협한 자기사고 안에 갇힐 수 있다.

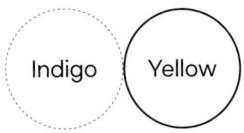

양(+) 변화에 대한 낙관적 기대는 향상심을 갖고 보다 깊은 집중력으로 계획성 있게 실행력을 높일 수 있기를 원한다.

음(-) 예민하고 불안한 심리는 완벽하지 못한 현재 상태를 비판적으로 몰아 세워 우울하게 자신을 가둘 수 있다.

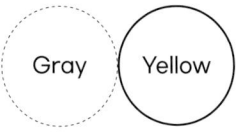

양(+) 지적향상심에 대한 기대는 끈기를 동반한 신중함으로 인해 평정심과 함께 낙관적 결과로 드러나길 원한다.

음(-) 예민하고 불안한 마음은 소심한 태도를 드러내며 무기력하고 공허한 모습으로 우울함을 반영시켜 드러낼 수 있다.

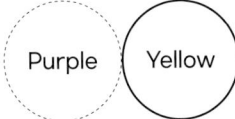

양(+) 빛의 에너지는 포용력을 가지고 온기를 나누려는 마음을 통해 회복력을 갖고 탁월한 힘으로 드러날 원한다.

음(-) 기쁨의 이상적 표현이 조절되지 않음으로 확장된 자기로 인해 이해되지 않거나 불안전한 모습으로 드러날 수 있다.

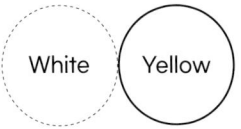

양(+) 따스한 빛으로 품는 온기는 낙관적 기대와 함께 충만하며 진실된 마음으로 정화의 힘을 드러내길 원한다.

음(-) 불안정한 기대는 예민함으로 불만을 갖게 되고 이는 외부와의 소통을 단절한 채 무기력하고 공허한 상태로 드러날 수 있다.

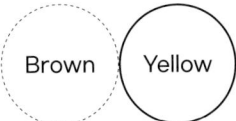

양(+) 행복한 기대와 희망을 통해 즉각적 만족감보다 꾸준히 인내하며 견실하고 풍요롭게 자신을 드러내어 안정감을 갖길 원한다.

음(-) 현재상태에 대한 예민한 불안정성은 긍정을 보지 못하고 욕구불만인 상태로 불평과 고집스러움으로 드러날 수 있다.

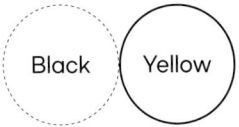

양(+) 변화를 꿈꾸는 희망의 기대와 향상심은 개혁을 위해 강력한 동기와 자원을 통합하여 이상적인 자기세계로 나아갈 수 있기를 원한다.

음(-) 희망이 없는 상황에서의 좌절감은 스스로를 억압하며 가두고 부정적 종말에 대한 두려움은 상실감으로 드러날 수 있다.

현재 상태는 **성장의 에너지**로
희망과 기대를 품고 유연성 있게 변화를 추구하고자 한다.

Red + Yellow Green

양(+) 드러나지 않는 내면의 강인함을 바탕으로 현실적인 성장목표를 안정적으로 이룰 수 있길 원한다.

음(−) 스스로 판단이 서지 않아 소극적으로 세상과 마주하는 태도는 주변을 살피며 수동적인 태도로 드러날 수 있다.

Orange + Yellow Green

양(+) 배려심을 갖는 편안함과 부드러움은 사람들과 더불어 즐겁고 자유롭게 표현됨으로써 친절하고 온화한 상태로 돋보이길 원한다.

음(−) 자신의 소극적인 모습은 불안과 허약함으로 반영되어 열등한 자신을 비관하는 태도로 드러날 수 있다.

Yellow + Yellow Green

양(+) 편안하게 친절한 마음을 주변과 공유하며 낙관적인 희망을 통해 따스하고 밝은 모습으로 드러날 원한다.

음(−) 유약함의 의존적 욕구는 지지와 격려를 바라며 유아적 사고에 따라 자신의 감정을 미숙하게 드러낼 수 있다.

Green + Yellow Green

양(+) 부드럽고 편안한 마음은 함께 나눌 수 있는 사려 깊은 모습으로 타인과 조화를 이루는 태도로 드러날 원한다.

음(−) 억제된 내면의 기대와 욕구는 표현되지 못한 채 고집스럽게 이기적인 모습으로 드러날 수 있다.

Blue + Yellow Green

양(+) 충분한 사색을 통해 안전하게 나아가길 원하는 마음으로 성실하게 계획하여 신뢰감있는 모습으로 드러날 원한다.

음(−) 불안에 따른 위축과 소심함은 자신을 내면으로 향하도록 유도하여 고립감과 함께 무력한 태도로 드러날 수 있다.

PE 세피라 분석

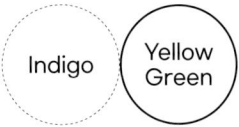

양(+) 꾸준히 자신을 성장시키기 위해 인내하며 보다 깊이 있는 분석력으로 집중하여 일을 수행해내려고 노력하고 있다.

음(−) 자신의 억제된 내면은 상실감과 불안으로 인해 편협하고 비판적인 성향을 갖게되어 우울감으로 드러날 수 있다.

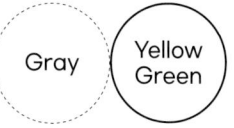

양(+) 편안하게 배려하며 기대를 나누는 마음은 신중함으로 어떤 것에도 치우치지 않을 성숙함으로 드러내길 원한다.

음(−) 의존적 불안은 사랑받기 원하며 안절부절하거나 의기소침해져 스스로를 은폐시키는 모습으로 드러날 수 있다.

○ Purple · ● Yellow Green

양(+) 순수하고 섬세한 내면의 부드러움은 자기만의 탁월성을 창의적으로 드러내도록 돕고 이를 통해 이상적인 미래를 추구하고자 한다.

음(−) 내면의 나약하고 센티멘탈한 성향은 우울감을 깊게 하여 자기만의 세계로 회피함에 따라 스스로를 고립시킬 수 있다.

○ White · ● Yellow Green

양(+) 밝게 빛을 내며 기쁨을 나누는 마음은 주변을 정화시키며 깊은 통찰력으로 충만함을 드러내고자 한다.

음(−) 불안과 유약함은 소극적인 태도를 갖고 그에 따른 심리적 압박감은 경계심을 높여 예민하게 드러낼 수 있다.

○ Brown · ● Yellow Green

양(+) 따스하고 온화한 마음은 성실하게 탄탄함을 만들고 그로 인한 견실함이 안정된 모습으로 드러내길 원한다.

음(−) 희망과 기대를 갖지 못하는 불안정한 상태는 욕구 불만의 상태로 불평과 함께 회피적 태도로 드러날 수 있다.

● Black · ● Yellow Green

양(+) 낙천적 기대와 향상심에 따른 동기는 강력한 통합을 유도하며 절대적인 힘으로 드러내길 원한다.

음(−) 불안과 상실로 인한 불만은 억제된 자신을 압박하며 혼돈과 부정으로 인해 방어적 태도로 드러날 수 있다.

현재 상태는 **균형의 에너지**로
욕심 부리지 않고 편안하여 심신의 안정과 조화를 갖게 하려 한다.

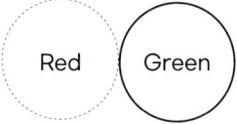

양(+)	내·외적으로 조화로움을 추구하며 적극적으로 소통하여 활기차게 드러내길 원한다.
음(−)	인색하고 이기적인 고집스러움은 권위적인 태도와 함께 강한 추진력으로 인해 강압성을 가진 태도로 나타날 수 있다.

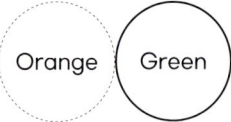

양(+)	편안하며 관대한 모습은 개방된 사고로 사교적 모습으로 드러내길 원한다.
음(−)	정체된 내적 기대는 피로감과 함께 고립된 상태로 반영되어 스스로를 억압시키는 태도로 나타날 수 있다.

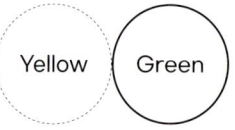

양(+)	따뜻하며 여유를 갖는 상태를 반영하여 순수한 호기심과 낙천적인 기대로 즐거움을 드러내려고 노력한다.
음(−)	정체되어 있어 움직이기 어렵고, 변화로움보다는 안정을 추구하는 마음이므로 과민한 상태의 소심한 태도로 나타날 수 있다.

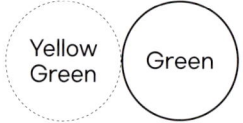

양(+)	배려심 있고 관대한 태도는 편안함과 안정감을 주며 건강하고 온화한 태도로 드러내길 원한다.
음(−)	내·외부의 편치 않는 환경으로 인해 불편감이 큰 피로한 상태이므로 스스로를 억제시켜 소극적으로 위축된 태도가 나타날 수 있다.

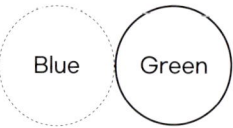

양(+)	안정되게 균형과 조화를 찾고자 하는 성향은 성실하고 침착하게 숙고하는 태도로 책임감 있게 드러내길 원한다.
음(−)	자기만족적 무관심으로 드러나 도피적이며 공허한 상태의 고립감으로 나타날 수 있다.

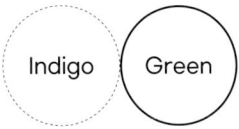

양(+) 자기균형의 일체성을 유지하고자 계획성 있게 집중하며 성숙한 태도로 드러나길 원한다.

음(−) 정체된 고집스러움은 외부와 타협하지 않고 편협한 태도로 비판적이며 독단적인 모습으로 나타날 수 있다.

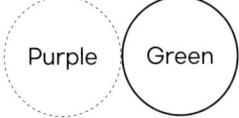

양(+) 치유적 힘으로 이상적 관대함을 꿈꾸며 자신의 직관을 믿고 창의적 탁월성으로 드러나길 원한다.

음(−) 편치 않은 환경은 피로감과 심신의 정체를 깊게 하여 자신의 기대를 반영하지 못하므로 우울감으로 나타날 수 있다.

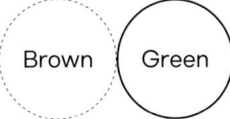

양(+) 충성스러우며 겸손한 충직함은 주변과의 조화를 중시하며 견실한 신뢰를 통해 안정적으로 드러나길 원한다.

음(−) 일관성 없는 자극에 대한 스트레스는 욕구불만의 상태로 반영되어 그에 따른 부적응적 심상을 통해 고집스러움으로 나타날 수 있다.

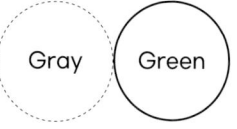

양(+) 편안하고 조화로운 심신은 차분하고 신중한 모습으로 나타나며, 깊이 있는 성숙한 태도가 치우침 없이 안정되게 드러나길 원한다.

음(−) 지나친 균형의 기대로 인해 심신의 피로가 높고 감정을 드러냄을 억제하므로 스스로를 은폐하며 비관하는 태도로 나타날 수 있다.

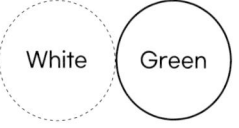

양(+) 편견없는 균형과 조화로움은 고결한 빛의 충만함을 더하여 일체감을 통해 공평하게 풍요로움을 전할 수 있길 원한다.

음(−) 정체된 답답함과 편치 않은 환경은 심리적 압박감을 주어 예민하게 경계심을 갖는 태도로 나타날 수 있다.

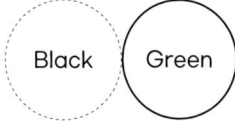

양(+) 관대한 마음으로 이상을 꿈꾸며 내면의 통합과 일체성을 위해 유연한 태도로 위엄 있게 드러나길 원한다.

음(−) 정체된 인색함과 피로는 스스로를 파괴하는 힘으로 위압감을 갖고, 혼돈과 상실로 인해 극도의 부정 및 억압의 태도로 나타날 수 있다.

현재 상태는 **지성의 에너지**로
신의와 신뢰를 통해 충실함으로 자신을 다루려 한다..

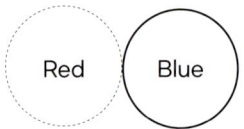

양(+) 성실하게 차곡차곡 계획된 일들을 실행시키기 위해 행동에너지를 더하여 책임감 있고 신뢰롭게 드러내려고 노력한다.

음(-) 보수적 내향성은 현재 상태의 불편감을 드러내지 못하고 고립된 사고에 집중하는 태도로 나타날 수 있다.

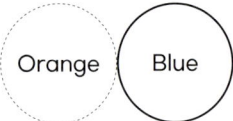

양(+) 신뢰롭게 소박한 마음으로 차분히 계획된 것에 자기 확신을 가지고 자유롭게 드러내려고 노력한다.

음(-) 무력한 권태로움은 스스로를 고립시켜 열등감을 갖게 하고 억압된 자신에게 공허감을 느낄 수 있다.

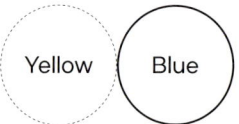

양(+) 성실함으로 진실되게 세워진 계획은 낙관적 희망을 가지고 변화의 유연성을 더하여 기쁘게 드러내려고 노력한다.

음(-) 반복된 사고로 인한 정체감은 스스로를 자기 환상에 가두고 부적절한 기대로 인해 예민한 태도로 나타날 수 있다.

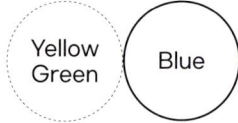

양(+) 진지하게 탐색하고 성실히 노력하여 보다 안전하고 편안한 상태로 부드럽게 드러나길 원한다.

음(-) 보수적인 내향성은 외부와의 자유로운 소통을 방해하여 냉담하게 반영되고 그에 따른 억제는 소극적인 태도로 나타날 수 있다.

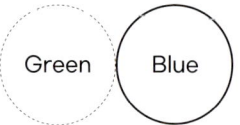

양(+) 꾸준히 인내하며 성실하게 쌓아 올린 신뢰로움을 통해 보다 안정적으로 조화롭게 드러나길 원한다.

음(-) 내면화된 깊은 사고는 행동으로 외현화되지 못하고 그에 따른 무력감으로 인해 무관심한 태도로 나타날 수 있다.

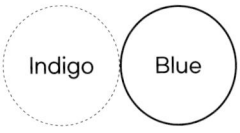

양(+) 계획성 있는 사고적 체계를 통한 신뢰는 높은 집중력과 조직력으로 직관력을 가짐으로써 깊이 있는 현실적 이상주의로 나아가길 원한다.

음(−) 보수적 사고 경향은 편협한 비관주의로 흘러 불신과 불만을 높임으로 타협되지 않는 독단적 태도로 나타날 수 있다.

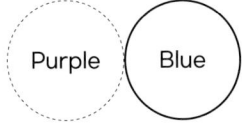

양(+) 꾸준한 사고는 지성적인 모습으로 반영되어 직관력을 높이고 깊은 통찰의 눈으로 자신만의 탁월함으로 드러나길 원한다.

음(−) 관계 도피적 내향성은 타인과의 관계에서 고립되며 무력감으로 인해 정체되거나 우울한 태도로 나타날 수 있다.

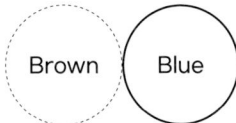

양(+) 성실하게 계획된 신뢰로움은 끈기와 충실함을 바탕으로 견실함을 주어 안정감 있는 풍요로움으로 드러나길 원한다.

음(−) 공허함과 권태로움은 스스로를 가두고 자신감을 상실시켜 자기기반에 대한 불신의 태도로 나타날 수 있다.

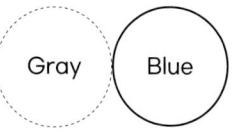

양(+) 내면을 충실히 탐색하며 성실히 다져온 지성이 성숙하고 지혜로운 모습으로 드러나길 원한다.

음(−) 보수적이며 불균형한 사고는 유연하지 못하여 불안을 증폭시키고 그로 인한 무력감은 비관적 태도로 나타날 수 있다.

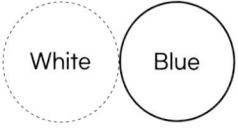

양(+) 차분하게 세워진 논리적 계획성은 신뢰를 깊게 하고 명료함으로 충만함을 더하여 통찰력으로 드러나길 원한다.

음(−) 보수적이며 내향적 성향은 외부와의 단절을 강화시켜 스스로를 고립시키고 강박적인 태도로 나타날 수 있다.

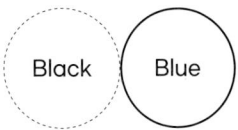

양(+) 진지한 사고적 경향성은 유연한 사고로 주위를 흡수하고 이를 통해 통합된 힘으로 엄숙하게 지배력을 갖을 수 있길 원한다.

음(−) 보수적 사고 경향은 자신의 혼돈을 억압하며 상실과 압박으로 인해 더욱 고립되므로 슬픔에 따른 우울과 권태로움으로 나타날 수 있다.

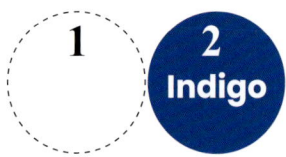

현재 상태는 **직관의 에너지**로
현실보다 깊은 이상의 끝을 분석하고 통찰하고자 한다.

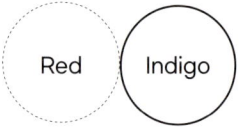

양(+) 현실 과제에 대한 높은 집중력은 철저한 계획을 통해 수행의 동기를 높임으로 명확한 결과로 드러나길 원한다.

음(-) 완벽주의적 성향과 함께 편협한 사고는 독단적으로 반영되어 권위롭고 지배적인 태도로 나타날 수 있다.

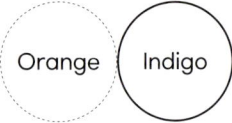

양(+) 현실적 이상주의가 갖는 직관력을 통해 자기 확신을 더하고 이에 보다 자유로운 활력을 통해 창의적으로 드러나길 원한다.

음(-) 비판적 사고를 더한 비관주의는 상실감과 함께 스스로를 고립시켜 부적절한 억압의 태도로 나타날 수 있다.

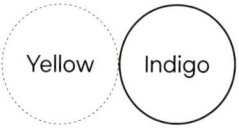

양(+) 조직력과 계획성을 바탕으로 변화를 희망하며 낙관적인 향상심으로 완벽하게 드러나길 원한다.

음(-) 혼돈에 따른 고립은 불안을 증폭시키고 그에 따른 두려움으로 인해 예민한 태도로 나타날 수 있다.

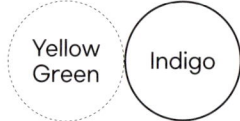

양(+) 꾸준한 집중과 체계적인 계획성을 바탕으로 편안하고 안전한 성장을 이끌어내려고 노력한다.

음(-) 편협한 사고는 우울한 정서를 유발하여 센티멘탈하고 소극적이며 외부를 차단하는 태도로 나타날 수 있다.

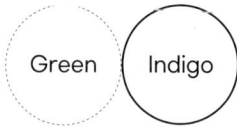

양(+) 분석적이고 깊이 있는 사고는 안정감을 높이고 균형을 맞추며 조화로운 모습으로 배려심 있게 드러나길 원한다.

음(-) 완벽주의의 엄격함으로 권위적이며 이기적인 모습은 인색하고 고집스러운 태도로 나타날 수 있다.

PE 세피라 분석

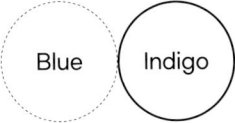

양(+) 높은 집중력으로 정보를 수집하고 객관적 설계에 따라 계획성있는 신뢰로움으로 드러나길 원한다.

음(-) 극도의 자기몰입으로 인한 고립감은 관계 도피적 성향을 극대화하며 상실과 혼돈으로 인해 우울한 태도로 나타날 수 있다.

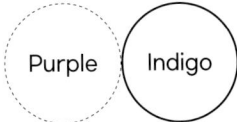

양(+) 현실적 이상주의는 깊은 집중에 따른 직관을 바탕으로 자신을 신뢰하며 탁월하게 드러나길 원한다.

음(-) 편협한 독단적 사고는 부정적 몰입을 깊게 하여 자기만의 세계에 스스로를 고립시켜 외부를 불신하는 태도로 나타날 수 있다.

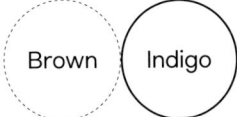

양(+) 철저한 탐색과 안정적 실행을 통해 탄탄한 기반을 구축함으로 충실한 풍요로움으로 드러나길 원한다.

음(-) 권위적이며 엄격한 완벽추구의 성향은 편견과 고집으로 경직된 내면을 강화하며 억압된 상태의 불만으로 나타날 수 있다.

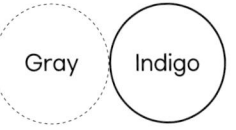

양(+) 깊은 내면에 집중하며 고요함이 주는 안정을 통해 중용의 마음이 신중하게 드러나길 원한다.

음(-) 혼돈과 상실감은 고집스러움으로 외부를 차단하며 애매하고 불분명한 상태로 스스로를 고립시키는 태도로 나타날 수 있다.

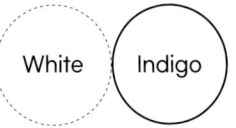

양(+) 철저한 계획과 냉철함으로 완벽한 기대를 충족시키기 위해 깊은 통찰력으로 풍요롭게 드러나길 원한다.

음(-) 완벽함을 추구하려는 엄격함은 심리적 압박감을 크게 하여 실패에 대한 두려움과 경계심으로 나타날 수 있다.

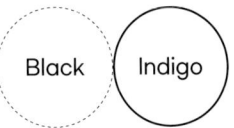

양(+) 높은 집중력으로 완벽을 추구하며 절대적인 힘으로 강력하게 주변을 흡수함으로 위엄있는 지배력을 갖길 원한다.

음(-) 내면화된 고도의 집중은 과도한 정체상태에서 혼돈과 부정을 통해 비관적인 태도로 나타날 수 있다.

현재 상태는 **창의적 에너지**로
생각 위의 이상을 탁월하게 끌어내고자 한다.

Red — Purple

- **양(+)** 자신의 직관에 확신을 가짐으로 강한 추진력을 통해 열정적으로 드러내길 원한다.
- **음(−)** 독창적인 사고는 창의성이 아닌 독단적인 생각으로 반영되어 오만하고 자기만족적 태도로 드러날 수 있다.

Orange — Purple

- **양(+)** 독특하고 창의적인 사고를 개방하며 자유롭게 드러냄으로 외적으로 주목을 받으며 적극적으로 드러내길 원한다.
- **음(−)** 자신만의 고집과 과도한 자기애는 독단과 오만을 통해 자기과시의 태도로 나타날 수 있다.

Yellow — Purple

- **양(+)** 이상적 영감과 탁월한 직관은 지적 향상심을 높이며 낙관적인 기대로 유연하게 드러내길 원한다.
- **음(−)** 자기만의 공상적 세계에 갇힌 내면은 외적자극을 수용하지 못하고 불안해하며 소심한 자아상태로 나타날 수 있다.

Yellow Green — Purple

- **양(+)** 정신적 이상주의는 회복력을 가지고 영적인 힘과 함께 친절한 배려심으로 온화하게 드러내길 원한다.
- **음(−)** 내적 우울로 인한 불안정한 자기인식은 심신을 허약하게 하여 억제적인 자세와 소극적인 태도로 나타날 수 있다.

Green — Purple

- **양(+)** 이상적 박애정신을 가지고 정신적 지도자로서의 관대함을 통해 주변과 조화롭게 균형을 이룰 수 있길 원한다.
- **음(−)** 강한 자기중심적 사고는 고집스럽고 이기적이며 과도한 욕심으로 인해 인색하게 완고한 태도로 나타날 수 있다.

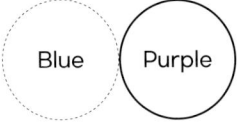

양(+) 자기 주관적 신념을 드러내기 위해 보다 계획적으로 생각하며 사고적 처리를 통해 책임감 있게 드러나길 원한다.

음(-) 자신을 지나치게 고집하는 태도는 주변과 동화되지 못하고 무력감과 함께 고립된 형태의 우울한 태도로 나타날 수 있다.

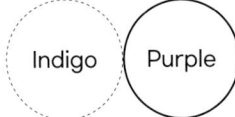

양(+) 자신의 탁월한 직관력을 통해 보다 깊은 집중력으로 이상을 실현시키고자 계획하는 모습으로 드러나길 원한다.

음(-) 과대자기의 독단적 사고에 집중하며 편협한 사고로 몰입하므로 불신과 비판이 비관적으로 나타날 수 있다.

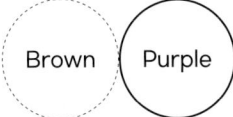

양(+) 자신의 완고한 신념을 드러냄에 있어 소박하지만 안정감 있게 표현하며 차분한 견실함으로 넉넉히 드러나길 원한다.

음(-) 자기신념에 대한 고집은 독단성과 불신을 통해 욕구불만의 상태로 반영되어 갈등을 경험하여 억압적 태도로 나타날 수 있다.

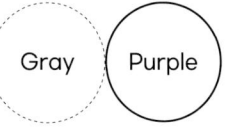

양(+) 이타적인 정신과 이상적 신념은 회복력을 높이며 신중한 태도로 성숙하고 지혜롭게 드러나길 원한다.

음(-) 내면의 깊은 우울은 불안정한 상태를 만들어 자신을 무가치하게 만들어 고독과 은폐의 모습으로 나타날 수 있다.

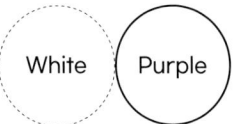

양(+) 자기 확신에 찬 창의적 사고는 위엄을 가지고 영적 풍요로움과 함께 완전함으로 충만하게 드러나길 원한다.

음(-) 자신의 독단적 신념은 오만한 자기평가로 인해 보다 강박적으로 경계심을 더하고 심리적 압박감으로 인해 불안한 태도로 나타날 수 있다.

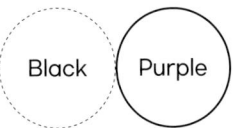

양(+) 탁월한 창의성은 강력한 지도자로서의 힘을 원하며 이를 통해 위엄을 갖춘 엄숙함으로, 절대적인 지배력으로 드러나길 원한다.

음(-) 우울한 내면은 자기세계를 혼돈으로 어둡게 하며 상실감에 따른 자기 파괴적 심리는 스스로를 가둠으로 부정적 태도로 나타날 수 있다.

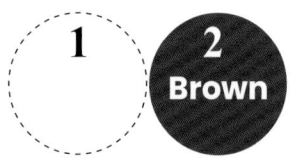

현재 상태는 **견실한 에너지**로
건강한 안정과 탄탄함으로 풍요로움을 갖고자 한다.

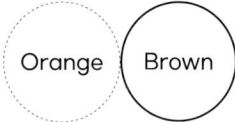

양(+) 스스로의 기반을 안정감 있게 여기고 충실한 믿음을 통해 강인한 생명력으로 드러나길 원한다.

음(−) 욕구불만의 불편한 상황은 완고함으로 고집스럽게 공격성을 더하여 파괴적인 태도로 드러낼 수 있다.

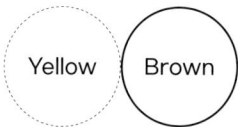

양(+) 끈기를 가지고 충실하게 이룬 강한 견실함으로 변화를 희망하며 낙관적 향상심으로 드러나길 원한다.

음(−) 자신의 기반에 대한 불안은 자신감을 상실하고 예민함으로 신경질적인 태도로 나타낼 수 있다.

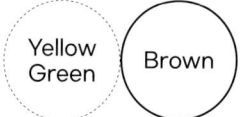

양(+) 검소하고 순박한 견실함으로 탄탄한 안정감을 이루고 이를 통해 편안하고 온화한 성장을 이룰 수 있기를 원한다.

음(−) 억압이 큰 현실로부터 벗어나고자 하는 마음은 불안하고 나약한 모습으로 소극적 태도와 함께 위축되어 나타날 수 있다.

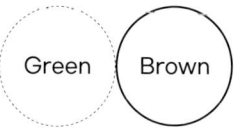

양(+) 넉넉하며 풍요로운 결실에 대한 자기 확신은 보다 창의적인 자유로움으로 즐겁게 드러나길 원한다.

음(−) 자기기반에 대한 부적절한 인식은 억압된 상태로 상실감을 높여 열등한 태도로 나타낼 수 있다.

양(+) 안정된 자신을 이루어 강한 의리와 함께 풍요로운 결실을 얻고자 함으로 주변과 균형을 맞추어 조화를 이루려고 노력한다.

음(−) 욕구불만의 상황에서 자신감을 상실하고 심리적 위축으로 인해 고집스러운 경직과 정체로 나타날 수 있다.

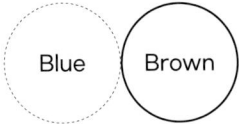

양(+)	자신에 대한 충실함을 토대로 현실적인 계획을 세워 성실히 실행함으로 신뢰롭고 책임감 있는 모습으로 드러나길 원한다.
음(-)	내면의 서로 다른 사고는 갈등을 증폭시키며 고집스럽게 불만을 키우고 보다 완고한 태도로 나타날 수 있다.

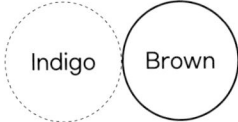

양(+)	차분하게 끈기를 갖고 만든 충실함이 합리적, 분석적 계획을 토대로 깊이 있는 성과로 드러나길 원한다.
음(-)	억압된 정서는 현실에서의 도피로 이어져 편협하고 비판적인 사고를 강화함으로 자기생각에 갇혀 우울한 태도로 나타날 수 있다.

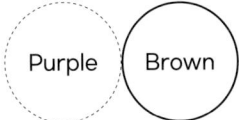

양(+)	차분한 평화와 함께 충실한 풍요로움은 자신의 직관을 믿고 탁월함으로 드러나길 원한다.
음(-)	탄탄함으로 고집스러운 내면은 욕구불만의 상태로 오만한 스스로를 인정하지 못하여 고통스러워하는 태도로 나타날 수 있다.

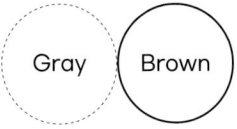

양(+)	순박한 충실함은 안정감을 주어 차분하고 성숙한 마음을 갖도록 돕고 이를 통해 중용의 지혜로 드러나길 원한다.
음(-)	현실회피의 마음은 자신을 부정하고 건조함을 갖게 하여 비관의 마음으로 무기력하고 의기소침한 상태로 나타날 수 있다.

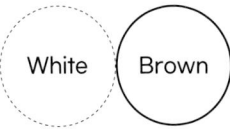

양(+)	충실함으로 풍요로움을 원하며 이를 드러내기 위해 보다 완전하고 신뢰롭게 소박한 진실함으로 드러나길 원한다.
음(-)	갈등을 억압하며 갖는 부정에 대한 심리적 압박감을 모두 비워내고 싶어하는 태도로 나타날 수 있다.

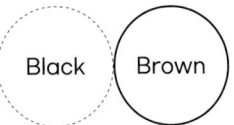

양(+)	충실함과 강한 의리로 쌓은 견실함은 풍요로움을 더하여 안정된 위엄을 통해 진지하고 강력한 지배력으로 드러나길 원한다.
음(-)	억압된 상태는 욕구를 해결할 수 없어 불평이 가득한 채로 피로하며 자신을 방어하기 위한 가둠은 위협적으로 나타날 수 있다.

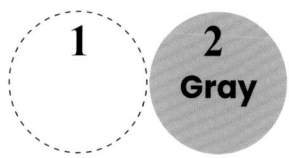

현재 상태는 **중용의 에너지**로
지혜를 품고 신중하게 성숙함을 갖고자 한다.

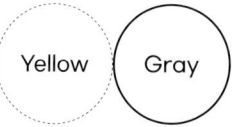

양(+)	중립의 지혜를 반영하여 변화를 지향하므로 낙관적 기대와 향상심을 통해 유연하게 드러나길 원한다.
음(-)	당면한 과제에 대한 결정을 내릴 수 없어 안절부절해 하는 상태로 소심하고 변덕스러운 태도로 나타날 수 있다.

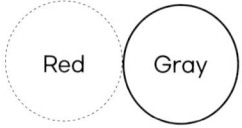

양(+)	신중하고 치우침 없는 중용의 태도는 성숙한 리더십을 통해 자신의 계획을 안정감 있게 열정적으로 드러나길 원한다.
음(-)	고집스럽게 비관된 모습은 혼돈과 함께 의기소침하며 현실을 외면한 애매한 모습으로 무기력하게 나타날 수 있다.

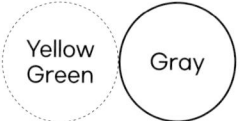

양(+)	안정된 중용의 마음을 편안하게 반영하여 친절하고 온화한 태도로 배려심 있게 드러나길 원한다.
음(-)	모호한 불확실성으로 인해 자신을 믿지 못하고 타인에게 의지하려는 마음과 함께 불안한 모습을 보이며 허약한 태도로 나타날 수 있다.

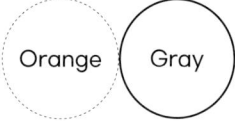

양(+)	차분하고 성숙한 모습은 자신에 대한 믿음을 가지고 자유롭게 표현되어 기쁨으로 생기있게 드러나길 원한다.
음(-)	자신의 생각과 불일치하는 타인의 이야기에 의기소침해지며 스스로를 억압하고 고독한 태도로 나타날 수 있다.

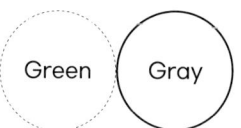

양(+)	성숙하게 안정감을 갖는 신중한 태도로 드러나길 원하여 주변과 조화를 맞추고 관대하게 소통하며 화합할 수 있길 원한다.
음(-)	명확하지 않은 혼란은 의기소침하여 결정을 내리지 못하는 상태로 반영되어 그로 인해 정체성을 보이며 무기력한 태도로 나타날 수 있다.

PE 세피라 분석

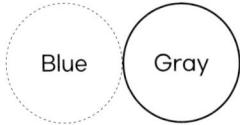

양(+) 신중하게 자신을 들여다보고 지혜롭게 상황이 전개되길 원하여
성실한 계획으로 차분히 탐색하며 신뢰롭게 드러나길 원한다.

음(−) 혼돈스러운 현재를 비관하며 스스로를 은폐시킴으로 고립감을 키워
외부를 차단하고 내면에 몰입된 태도로 나타날 수 있다.

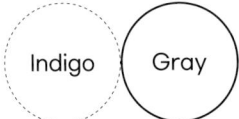

양(+) 흔들림 없는 무게감으로 안정감을 갖는 내면은 높은 집중력을 통해
직관을 분석하여 계획적으로 드러나길 원한다.

음(−) 무기력하고 불분명한 고독감과 비관적 태도는 편협한 사고로 반영되어
우울하고 비판적인 모습으로 드러날 수 있다.

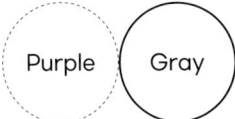

양(+) 자신의 내면에 깊이 집중하며 탁월한 직관력을 통해 자신의
이상주의적 신념이 창의적으로 드러나길 원한다.

음(−) 자기중심의 고집스러움은 외부와의 소통을 단절시키고 불안정한
심리상태로 인해 우울한 태도로 나타날 수 있다.

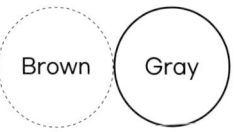

양(+) 끊임없이 자신을 참회하며 중용의 지혜를 통해 성숙함을 이루고
이를 보다 견실하고 안정감 있게 드러나길 원한다.

음(−) 혼란한 심리상태는 결정을 내리지 못하고 억압된 정서로 인해 불만은
불평과 함께 현실 도피적 모습으로 나타날 수 있다.

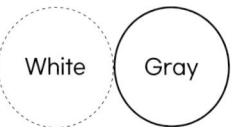

양(+) 자신에 대한 내적 풍요로움은 자유와 평정을 통해 완전한 힘을 갖고
정화를 통해 치유의 힘으로 드러나길 원한다.

음(−) 혼란과 갈등 속에서 불분명한 현실은 실패에 대한 두려움으로 심리적
압박감을 주어 경계와 강박상태로 드러날 수 있다.

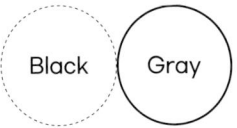

양(+) 관대함으로 평정의 마음을 진지하고 위엄 있는 모습으로
드러나길 원한다.

음(−) 비관적인 고집스러움과 고독감은 자신을 파괴하여 상실감을 갖게 하고
정체상태에서 방어적인 태도는 불편을 주는 태도로 나타날 수 있다.

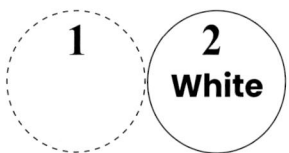

현재 상태는 **합일 에너지**로
초월적 충만함이 풍요와 진실의 절대적 자유를 알게 하려한다.

Red — White

양(+) 빛의 충만함으로 풍요로운 자신을 드러내기 위해 강인한 의지로 명쾌하게 드러나길 원한다.

음(−) 강박적 완벽주의는 심리적 압박감과 함께 권위적 태도로 드러나 강압적이며 독단적인 태도로 나타날 수 있다.

Orange — White

양(+) 맑고 순수한 내면의 진실된 생명력은 개방감을 높여 친화력 있게 드러나길 원한다.

음(−) 내적 공허함과 실패에 대한 두려움이 심리적 압박감을 키워 열등감이나 자기 확신이 결여된 태도로 나타날 수 있다.

Yellow — White

양(+) 새로운 출발을 기대하며 희망을 가짐으로 변화를 위해 보다 유연하게 주변을 수용하는 태도로 드러나길 원한다.

음(−) 내적 공허감에 따른 상실감은 인색함으로 반영되어 예민하고 신경질적인 태도로 나타날 수 있다.

Yellow Green — White

양(+) 진실되고 순수한 마음에 대한 투명성은 친절하고 사랑스러운 기대와 함께 편안한 성장의 기대로 드러나길 원한다.

음(−) 외부에 대한 경계심은 심리적 위축감을 높임으로 소극적이며 의존적인 모습으로 미숙하게 나타날 수 있다.

Green — White

양(+) 정직한 진실함으로 공평한 신뢰로움을 추구하므로 모두와 보다 조화롭게 균형을 이루어 일체성 있게 드러나길 원한다.

음(−) 완전한 이상 실현을 위한 강박적 몰입이 강해 이기적이고 인색한 태도가 거짓된 소유욕으로 나타날 수 있다.

PE 세피라 분석

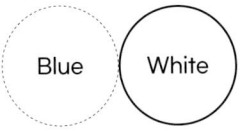

양(+) 완벽하고 명료한 신뢰성의 추구는 진지하게 인내하며 계획성을 높이고 충실한 모습으로 드러나길 원한다.

음(-) 내향적 경계심과 불안은 보수적 심리상태를 만들어 외부와 차단하고 스스로를 고립시켜 무력한 태도로 나타날 수 있다.

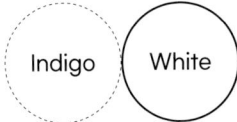

양(+) 자신의 완전함에 대한 기대는 깊은 통찰력과 높은 집중력으로 철저하게 반영되어 완벽함으로 드러날 수 있길 원한다.

음(-) 실패에 대한 불안과 압박은 완벽한 자신을 만들어 내기 위해 엄격하고 독설적이며 비판적인 태도로 나타날 수 있다.

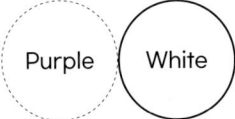

양(+) 완전한 고결함은 영적 풍요로움의 빛을 더하여 탁월한 직관력으로 통찰력 있는 자신을 창의적으로 드러내길 원한다.

음(-) 스스로에 대한 인색한 마음은 현재에 대한 불만족으로 인해 불행감과 고통스러운 불신의 태도로 나타날 수 있다.

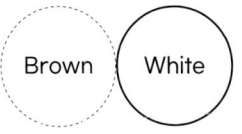

양(+) 진실되고 정직한 탄탄함은 신뢰로움이 되어 견실하고 안정적인 풍요로움으로 드러나길 원한다.

음(-) 내적 공허함과 걱정 및 불안은 자신감을 상실케 하고 억압된 심리로 반영되어 병약함과 함께 현실도피의 태도로 나타날 수 있다.

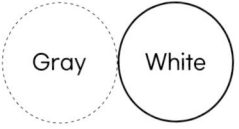

양(+) 완벽한 신뢰로움은 신중함과 더해져 지혜롭게 치우침 없는 안정된 모습으로 성숙하게 드러나길 원한다.

음(-) 강박적 완벽함은 심리적 압박감을 갖게하여 혼란스러운 현재 상태를 비관하여 스스로를 은폐시키려는 태도로 나타날 수 있다.

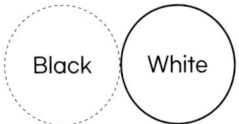

양(+) 관대함으로 자신의 에너지를 나누어 신뢰로움을 얻고 통합된 힘으로 자신의 경계를 확고히 하여 위엄과 함께 지배력을 갖길 원한다.

음(-) 불안에 따른 심리적 압박은 혼돈에 따른 두려움을 갖게 하여 방어적 태도로 스스로를 고립시키는 태도로 나타날 수 있다.

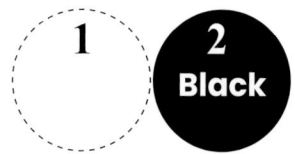

현재 상태는 **모태 에너지**로
시작과 끝을 모두 포함하는 강한 힘으로 지배력을 갖고자 한다.

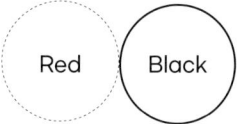

양(+) 자신의 모든 기대와 가능성을 통합하여 개혁을 통해 지배력을 가짐으로 강인한 리더십이 열정적으로 드러나길 원한다.

음(−) 심리적 압박은 상실과 혼돈으로 반영되며 갈등에 대한 즉흥적 대처로 인해 파괴적인 공격성으로 나타날 수 있다.

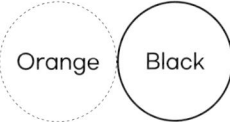

양(+) 세련되고 위엄 있는 모습을 생기있게 표현하고자 자기 확신에 찬 자유로움을 통해 보다 적극적으로 드러나길 원한다.

음(−) 압박과 강요로 인한 정체상태의 갈등은 상실에 따른 열등감으로 스스로를 억압하여 고독감으로 나타날 수 있다.

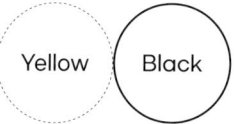

양(+) 자신의 절대적인 힘을 엄숙하게 다루어 강력한 빛의 에너지를 통해 희망과 기대로 드러나길 원한다.

음(−) 혼돈에 따른 자기파괴적 심리는 스스로를 가둠으로 어두움과 함께 부정적 태도로 나타날 수 있다.

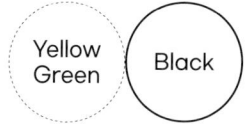

양(+) 차곡히 안정적으로 쌓은 힘은 편안하고 부드럽게 깊이 있는 배려심으로 온화하게 드러나길 원한다.

음(−) 혼란된 마음으로 상실을 경험하며 내적갈등에 대한 위축된 정서는 불안과 함께 유약한 모습으로 나타날 수 있다.

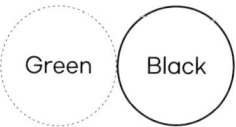

양(+) 통합은 주변과 조화를 이루고 일체성과 함께 충만한 형태로 안정감 있게 드러나길 원한다.

음(−) 정체상태의 억압은 심리적 압박감을 느끼며 인색하고 이기적인 심리적 반영을 통해 고집스러운 태도로 나타날 수 있다.

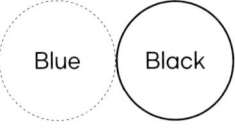

양(+) 절대적인 힘은 개혁의 의지를 사고적으로 접근하며 계획성 있는 모습으로 성실하고 신뢰롭게 드러나길 원한다.

음(-) 압박에 의한 심리적 갈등은 방어적인 태도로 드러나 외부와 단절된 채 무력하고 공허한 태도로 나타날 수 있다.

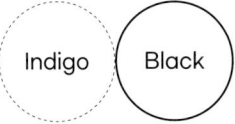

양(+) 엄숙하게 위엄을 갖추고 절대적인 힘으로 완벽함을 추구하고자 분석적, 계획성을 높여 직관력 있게 드러나길 원한다.

음(-) 강력한 자기방어는 편협한 사고를 통해 비판적 독단성을 높이고 심한 내향성과 함께 우울한 태도로 나타날 수 있다.

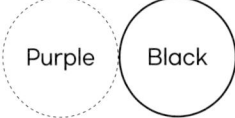

양(+) 자기주장과 지배력은 탁월한 직관력을 통해 회복력을 갖고 정신적 이상주의를 실현하며 창의적 사고로 드러나길 원한다.

음(-) 내적갈등은 혼돈과 혼란으로 심리적 정체를 경험하고 불안정한 자신을 불신하며 깊은 우울감으로 나타날 수 있다.

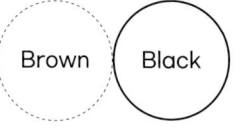

양(+) 진지한 위엄은 지배력을 갖고 탄탄한 견실함으로 안정감 있게 자신의 사고와 가치를 드러내려고 노력한다.

음(-) 억압과 상실은 스스로를 고립시키며 극도의 부정으로 인해 불평과 함께 욕구불만의 완고한 태도로 나타날 수 있다.

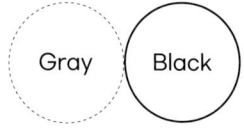

양(+) 충만함으로 가득 찬 많은 힘들은 편견과 치우침 없이 중용을 통해 지혜를 품고 안정감 있게 드러나길 원한다.

음(-) 강력한 자기중심적 집중은 주변자극을 무시하고 혼돈과 애매함 속에서 불분명한 태도로 나타날 수 있다.

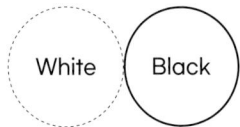

양(+) 합하여서 강력해진 힘은 절대적 완전함을 통해 영적 풍요로움을 더하며 깊은 통찰로 드러나길 원한다.

음(-) 자기방어적 저항은 심리적 압박감으로 인해 외부를 경계하며 자극에 예민한 태도로 나타날 수 있다.

9장
SU 세피라 분석
SU Sephira Analysis

　색채심리를 분석하는 두 번째 단계는 세 번째와 네 번째 세피라를 함께 분석하는 것이다. 세 번째와 네 번째에 오는 두 색은 각각의 특성이 있지만, 숨겨진 특성으로 잘 드러나지 않는다. 세 번째 세피라는 Shadow의 특성으로 자신의 어두운 특성을 나타낸다. 세 번째 세피라의 색은 개인의 불편한 부분을 나타내기도 하므로, 스스로 수용하고 음의 에너지를 긍정적 에너지나 양의 긍정 에너지로 변환해야 한다. 세 번째 세피라는 성장을 위한 목표점이라고 할 수 있다. 이 목표는 자신도 모르게 지향하게 되는 무의식적 성장점으로 작용한다. 결국 자신도 모르게 S세피라를 지향하며 살아가게 된다. 이 목표를 통해 세상을 살아갈 힘을 갖게 되는 것이다.

네 번째 U세피라는 세 번째 S세피라를 활성화하는 동력으로 작용한다. 4번째 색인 U세피라는 내면의 힘으로 자신의 에너지를 강화하는 핵심 에너지이자 성장을 위한 동력을 제공한다. 4번째 세피라는 성장을 위한 에너지의 색으로 무의식의 에너지를 나타낸다. 무의식의 에너지는 3번의 목표를 위해 작용해야 한다. 세 번째 세피라를 뒷받침하고 끌어올리는 힘의 원천이다. 다른 모든 에너지가 필요하겠지만, 내면의 에너지 성장과 순환을 이끄는 작용으로 나타날 수 있다.

SU의 에너지 해석은 성장을 위해 자신을 계발하고 성장시켜야 하는 과제를 나타낸다. 성장을 위해 의식에 가까운 S세피라를 개발하고 드러내며, 이를 위해 무의식의 U세피라 에너지가 필요하다. SU에너지는 내적 에너지의 순환과 성장을 위한 방식으로 작용하게 된다.

SU 세피라 분석

 S 그림자　**3번 컬러**
성장을 위해 목표로 삼고 추구해야 하는 색

U 무의식　**4번 컬러**
내면의 힘 에너지로 성장을 위한 동력의 색

*해석원리 :

S색의 성장 목표를 이루기 위해 U색을 사용해야 한다.

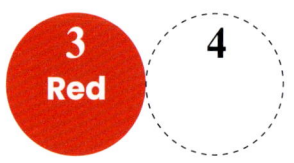

내면에 숨겨져 있는 무의식을 담은 4번의 컬러에너지에 **RED**의 강인한 힘을 바탕으로 **'실행의 힘'**을 담은 긍정에너지로 설계하여 나아가야 한다.

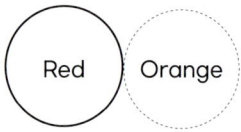

Energy : 창의적 자기확신 – 개방적 실행력

창의적이며 자유로운 자기 확신을 가지고 실행력을 더하여 열정적으로 생명력 있게 드러내는 힘을 키우도록 한다.

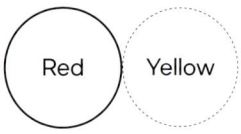

Energy : 낙관적 추진력 – 희망의 획득력

변화에 대한 낙관적 향상심을 통해 희망을 가지고 추진력을 발휘하여 기대의 획득력을 이룰 수 있도록 한다.

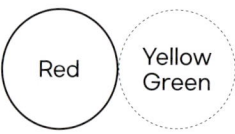

Energy : 편안한 성장 – 안정적 실행력

부드럽지만 강한 성장 에너지를 통해 편안한 안정감을 얻고, 현실감 있게 실행하여 행동할 수 있도록 한다.

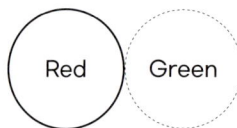

Energy : 화합과 조화로움 – 강인한 균형감

관대함을 나누고 화합하여 조화로움을 추구하며 이를 통한 생명력 있는 에너지와 함께 균형이 힘을 보태도록 한다.

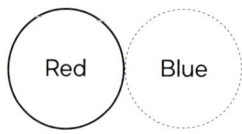

Energy : 성실한 계획성 – 신뢰로운 리더십

현실적 계획을 더한 성실한 책임감이 신뢰를 주어 강한 리더십으로 실행력을 높이게 한다.

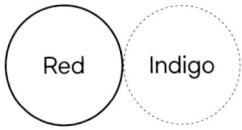

Energy : 집중적 분석력 – 명쾌한 수행력

높은 집중력을 갖는 객관적 분석력이 계획성 있는 조직력을 통해 명쾌한 수행능력을 갖도록 한다.

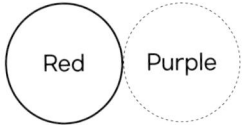

Energy : 탁월한 직관력 – 창의적 실행력

창의적 직관력을 통찰의 에너지로 끌어올려 이를 탁월한 지배력과 함께 열정적으로 실행할 수 있도록 한다.

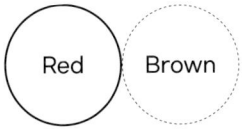

Energy : 신뢰로운 견실함 – 강인한 추진력

자신에 대한 안정과 신뢰를 통해 견실함을 주며, 적극적으로 자신의 것을 주장하고 추진할 수 있도록 한다.

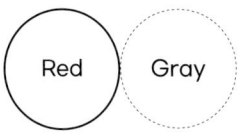

Energy : 중용의 지혜 – 신중한 리더십

편견 없는 중용의 힘으로 성숙한 지혜를 갖게 하여 신중한 리더십으로 실행할 수 있게 한다.

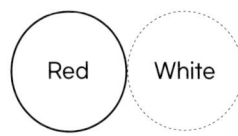

Energy : 비움의 충만함 – 완전한 지배력

자신을 이기는 힘으로 내어주어 충만함을 갖게 하며 이를 통해 완전한 신뢰로움으로 지배력을 갖도록 한다.

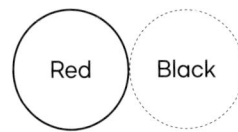

Energy : 절대력의 흡수 – 강력한 리더십

설대적 힘을 통한 다양한 에너지의 습득은 강력한 힘을 갖게 되며 이를 통해 리더십을 갖는 지배력으로 드러나게 한다.

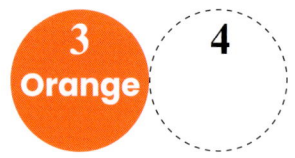

내면에 숨겨져 있는 무의식을 담은 4번의 컬러에너지에 **Orange**의 자유롭게 드러내어 '**주목의 힘**'을 담은 능성에너지로 설계하여 나아가야 한다.

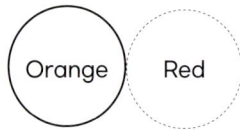

Energy : 외향적 행동력 – 자유로운 실행력

외향성을 갖는 행동력을 통해 자신을 보다 자유롭게 드러내어 활력과 기쁨을 갖게 한다.

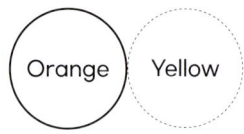

Energy : 변화의 희망 – 창의적 유연성

변화에 대한 낙관적 기대를 통해 희망을 갖게 하여 자신을 창의적으로 드러내도록 한다.

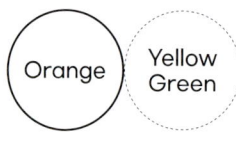

Energy : 배려의 온화함 – 편안한 자기애

편안하게 배려하는 친절함과 온화함을 통해 기쁨을 갖고 자신을 사랑하며 드러낼 수 있도록 한다.

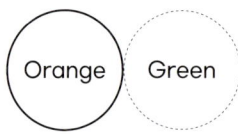

Energy : 조화로움의 추구 – 낙천적 균형

안정된 밸런스를 통해 조화로움을 추구하는 힘을 가지고 낙천적으로 사교하며 활력을 갖도록 한다.

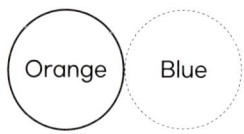

Energy : 계획적 사고 – 자기확신의 믿음

내면의 사고에 충실하고 계획성 있게 실현시키는 힘을 통해 자신에 대한 확신을 더할 수 있도록 한다.

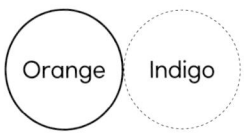

Energy : 통찰적 집중력 – 자기 확신의 표현

분석적이고 객관적인 통찰과 깊이 있는 집중력을 통해 완성도를 높여 자기 확신의 태도를 드러낼 수 있도록 한다.

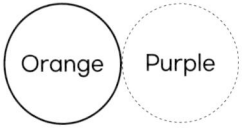

Energy : 창의적 개성 – 탁월한 개방성

탁월한 창의력을 더한 개성 있는 표현과 더불어 개방성을 갖춰 기쁨과 활력을 드러낼 수 있도록 한다.

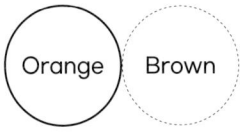

Energy : 풍요로운 안정 – 창의적 자신감

풍요로움과 안정을 통해 보다 자유롭게 자신을 드러낼 수 있는 환경을 조성하고 창의적인 자신감을 갖도록 한다.

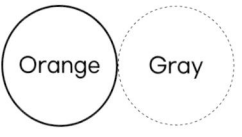

Energy : 중용의 균형 – 편견없는 표현

가진 것들에 균형을 주는 치우침 없는 중용의 마음을 통해 편견 없이 중심을 지켜 드러내도록 한다.

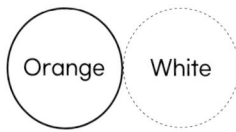

Energy : 내면의 성찰 – 진실한 자유로움

모든 것을 충만케 하는 내면의 깊이 있는 성찰을 통해 자신을 기쁘게 하여 무한의 자유를 느끼도록 한다.

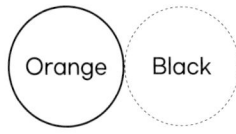

Energy : 통합의 에너지 – 자기신념의 확신

많은 것들을 통합하여 힘을 모으고 자신의 신념에 확신을 가짐으로써 사교적 위엄을 갖도록 한다.

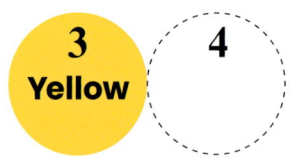

내면에 숨겨져 있는 무의식을 담은 4번의 컬러에너지에
Yellow의 따뜻한 나눔으로 '**변화의 힘**'을 담은
긍정에너지로 설계하여 나아가야 한다.

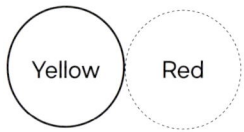

Energy : 열정적 행동력 – 변화의 실행력

용기와 열정을 가지고 변화의 희망을 갖게 하며 행동력 있는 향상심을 통해
낙관적 기대를 실현토록 한다.

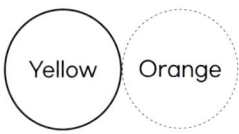

Energy : 적극적 사교성 – 개방적 유연성

개방성을 갖는 적극적 사교성을 통해 명랑하고 유연하게 나눌 수 있도록 한다.

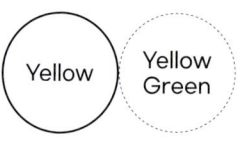

Energy : 성장의 실천력 – 안전한 향상심

편안한 성장의 기대를 통해 변화의 설레임을 갖고 지적 향상심을 통해 희망을
이루도록 한다.

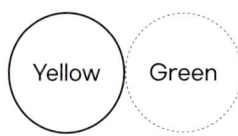

Energy : 건강한 겸손 – 관대한 나눔

겸손하게 균형을 맞추는 힘을 통해 건강함을 갖고 유연하게 따뜻함을 나누어
행복과 기쁨을 갖도록 한다.

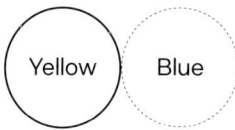

Energy : 계획성 있는 실행 – 성실한 변화

계획성 있게 실행하는 신뢰로운 힘을 통해 희망의 기대가 성실하게 변화를
이룰 수 있도록 한다.

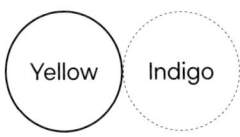

Energy : 분석적 설계 – 지혜로운 수행력

집중력을 높여 직관적 사고를 통해 보다 분석적 설계를 하고 지혜롭게 실행하여 드러내도록 한다.

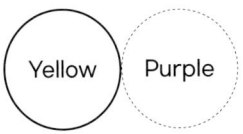

Energy : 직관적 개성 – 창의적 역동성

직관적인 자신의 개성에너지를 표현함에 있어 낙관적 역동성을 가지고 창의적으로 표현토록 한다.

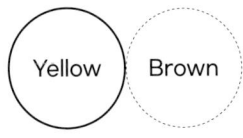

Energy : 완고한 안정감 – 순박한 기쁨

건강하게 완함으로 자신을 드러내는 힘을 통한 안정감 있는 기대가 순박한 희망과 기쁨으로 드러낼 수 있도록 한다.

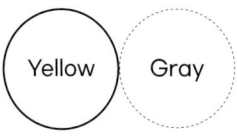

Energy : 신중한 중용 – 차분한 나눔

신중하게 중심을 잡는 중용의 힘을 통해 유연성을 갖고 내·외부에 희망을 주어 따뜻함을 나누도록 한다.

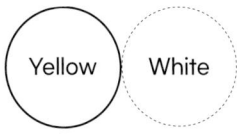

Energy : 이상의 풍요 – 지혜의 유연성

자신을 내어 이상의 힘을 갖는 풍요로움을 통해 지혜를 갖고 유연성 있게 실행해 나가도록 한다.

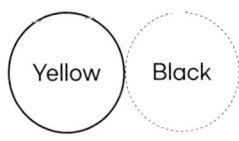

Energy : 개혁의 에너지 – 낙관적 지배력

개혁을 위한 강력한 힘은 변화를 위한 낙관적 기대와 모험심을 갖게하여 보다 큰 빛으로 지배력을 갖도록 한다.

내면에 숨겨져 있는 무의식을 담은 4번의 컬러에너지에
Yellow Green의 부드럽게 배려하며 한걸음씩 **'성장의 힘'**을
담은 긍정에너지로 설계하여 나아가야 한다.

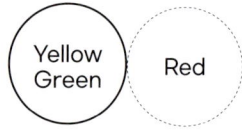

Energy : 현실적 실행력 – 성장의 실천력

목표에 대한 현실적 설계와 실행력을 통해 자신의 성장에 열정적 생명력을
더할 수 있도록 한다.

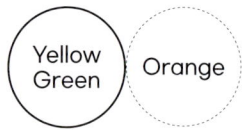

Energy : 사교적 친화력 – 활력있는 부드러움

편견 없는 사교적 에너지를 통해 친화력을 갖고 이를 통해 친절하고 상냥한
부드러움을 갖도록 한다.

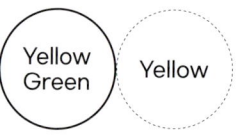

Energy : 지적 호기심 – 낙관적 성장

낙관적 희망을 갖는 지적 호기심을 통해 순수하고 배려심있는 성장을
지향하도록 한다.

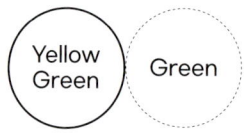

Energy : 건전한 조화 – 균형잡힌 온화함

건전하고 편안하게 관계를 이루려는 힘을 통해 바르고 부드러운 온화함을
갖도록 한다.

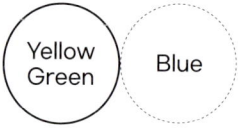

Energy : 지성적 사고 – 신뢰로운 성장

지성적 사고의 힘을 통해 세워진 믿을만한 계획은 책임감 있는 실행력으로
침착한 성장을 하도록 한다.

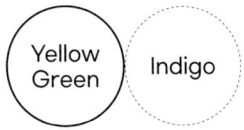

Energy : 현실적 이상주의 - 깊이있는 성장

직관력을 갖는 깊이 있는 사고를 통해 현실적 이상주의를 갖게 하여 질 높은 성장을 이루도록 한다.

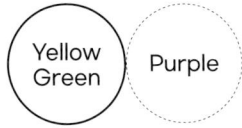

Energy : 직관적 이타심 - 탁월한 온화함

정신적 이상주의자로써 직관력과 이타심을 보다 온화하고 배려심있게 다루어 이루어 내도록 한다.

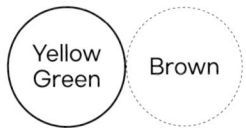

Energy : 견실한 풍요로움 - 안정적 성장

견실한 내부 에너지를 통해 안정적 편안함이 순수함을 가지고 바른 성장으로 드러내도록 한다.

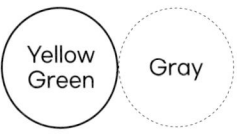

Energy : 성숙한 통찰 - 평온한 온화함

성숙하게 참회하는 마음을 통해 사랑과 배려를 갖게 하여 편안함으로 평화로움을 지향하도록 한다.

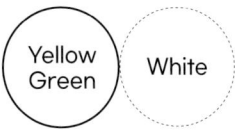

Energy : 신뢰로운 진실 - 정직한 성장

신뢰로운 진실이 갖는 풍요로움을 통해 사랑과 배려를 알게 하고 순수하게 다가서는 부드러움이 편안한 성장을 갖게 한다.

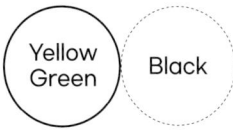

Energy : 세련된 힘의 흡수 - 안전한 지배력

세련된 자기의 힘을 키우는 에너지를 흡수하여 새롭게 출발하려는 에너지를 가지고 안전하게 성장을 추구할 수 있도록 한다.

내면에 숨겨져 있는 무의식을 담은 4번의 컬러에너지에
Green의 욕심부리지 않는 '**균형의 힘**'을 담은 긍정에너지로
설계하여 나아가야 한다.

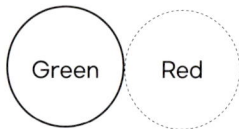

Energy : 열정적 생명력 – 치유의 획득력

열정적 생명력을 통해 현실적 욕구를 끌어내어 자신을 치유할 힘을
획득하고 건강한 상태로 밸런스를 맞추도록 한다.

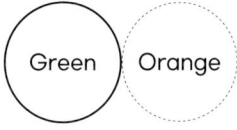

Energy : 사교적 친화력 – 개방적 조화로움

개방적 사교성이 갖는 친화력을 통해 균형을 맞추고 이를 통해 활력을
가지고 함께 나눌 수 있도록 한다.

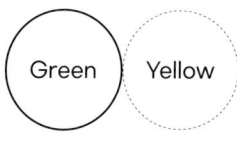

Energy : 낙천적 밝음 – 편안한 행복

낙천적인 기대와 즐거운 에너지를 통해 따뜻함을 전하고, 건전하고
조화롭게 편안한 상태를 드러내도록 한다.

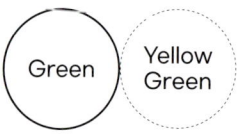

Energy : 친절한 상냥함 – 건전한 온화함

상냥하고 친절한 온화함을 통해 겸손하고 편안한 모습으로 밸런스를
맞추도록 한다.

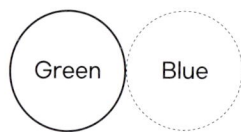

Energy : 신뢰로움의 조절 – 안정적 소통

신의와 신뢰를 지키는 조절된 힘을 통해 관계 맺음에 균형을 갖고 순조롭게
안정감을 갖도록 한다.

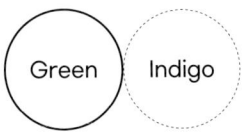

Energy : 객관적 사고 – 충성된 수행력

분석적이고 객관적인 통찰과 깊이 있는 집중력을 통해 완성도를 높여 자기 확신의 태도를 드러낼 수 있도록 한다.

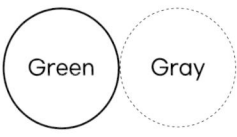

Energy : 중립의 힘 – 휴식의 균형

균형을 잡고 중립을 지키는 힘을 통해 심신의 휴식을 취하고 공평하고 여유롭게 나누도록 한다.

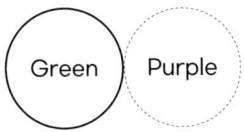

Energy : 정신적 회복력 – 이상적 일체감

영적 지도자로서의 정신적 이상주의를 통해 회복력을 갖고 관대함으로 나누어 일체감을 갖도록 한다.

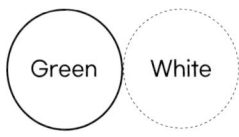

Energy : 정직한 일체성 – 진실된 편안함

진실된 완전함을 통해 정직하고 풍요로운 일체성을 다루고 균형을 통한 편안함을 갖도록 한다.

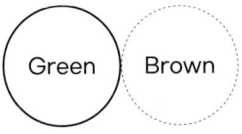

Energy : 신중한 다스림 – 편안한 안정

신중함으로 차분하게 자신을 다스리는 힘을 통해 균형을 잡고 안정감 있게 편안함을 갖도록 한다.

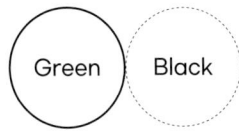

Energy : 조화로운 지배력 – 위엄과 관대함

진지하고 엄숙한 힘을 통해 널리 조화로운 지배력을 펼쳐 위엄과 관대함으로 드러내도록 한다.

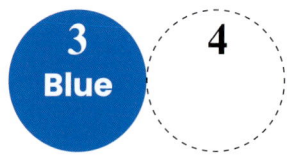

내면에 숨겨져 있는 무의식을 담은 4번의 컬러에너지에
Blue의 성실한 신의와 신뢰를 바탕으로 '**사고의 힘**'을 담은
긍정에너지로 설계하여 나아가야 한다.

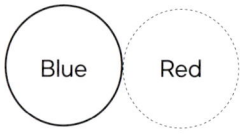

Energy : 강인한 실행력 – 명쾌한 사고력

강인한 실행의 힘을 통해 사고적 깊이를 깊게 하고 이를 통해 명쾌하고
신뢰로운 책임감을 갖게한다.

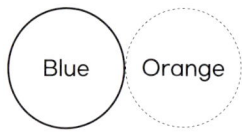

Energy : 개방적 사교력 – 소통의 자유로움

개방성과 활력을 더한 사교적 힘을 통해 소통의 자유로움을 극대화하여
신뢰를 갖도록 한다.

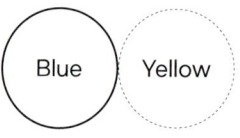

Energy : 희망의 기대 – 지성적 향상심

변화에 대한 희망을 실현시키려는 지적 향상심을 통해 계획성 있게
사고하여 성실히 이루도록 한다.

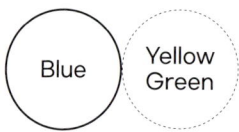

Energy : 편안한 안정 – 계획적 성장

배려하며 부드러움으로 편안함을 주는 힘을 통해 차분히 계획하여 성실한
성장을 이루도록 한다.

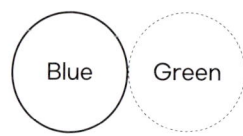

Energy : 겸손한 충성심 – 성실한 책임감

겸손한 충성심으로 책임감을 갖는 힘을 통해 성실하게 계획을 세우고
사고하여 신뢰를 갖도록 한다.

SU 세피라 분석

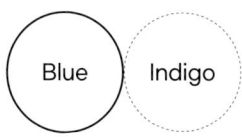

Energy : 깊은 집중력 – 분석적 사고력

깊은 집중력을 가지고 객관적으로 분석하는 힘을 통해 사고하여 지성적인 처리를 하도록 한다.

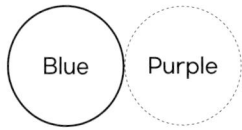

Energy : 탁월한 직관력 – 창의적 계획성

탁월한 직관력을 통해 내적 사고의 깊이를 깊게하여 이를 창의적으로 계획성 있게 드러내도록 한다.

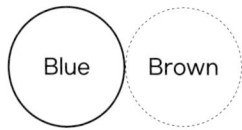

Energy : 끈기와 충실함 – 신뢰로운 결실

건실함과 끈기 있는 충실함을 통해 갖는 안정은 내면을 채워 신뢰롭고 풍요로운 결실을 맺도록 한다.

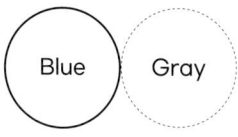

Energy : 신중한 균형 – 지혜로운 신뢰감

신중하고 차분한 힘을 통해 균형을 잡고 치우침 없는 사고는 지혜로운 계획으로 신뢰로움을 갖도록 한다.

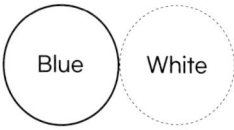

Energy : 신뢰로운 명료성 – 풍요로운 믿음

완벽한 명료성이 갖는 힘을 통해 정직한 신뢰로움을 확장시켜 계획성을 더하는 지성적인 사고로 실행력을 높이도록 한다.

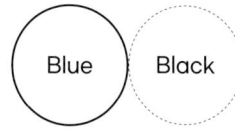

Energy : 위엄있는 강인함 – 지성적 지배력

절대적 힘은 더욱 진지하고 위엄 있는 사고와 태도를 갖고 이를 통해 지성적 지배력을 키워나가도록 한다.

내면에 숨겨져 있는 무의식을 담은 4번의 컬러에너지에 **Indigo**의 깊은 집중력으로 직관적 **'분석의 힘'**을 담은 긍정에너지로 실계히여 나아가야 한다.

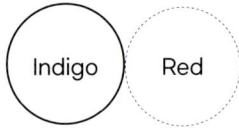

Energy : 열정적 실행력 – 분석적 강인함

실행할 수 있는 열정적인 에너지를 통해 높은 집중력과 논리적 분석력을 끌어내도록 한다.

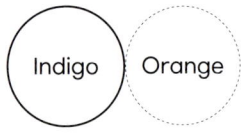

Energy : 창의적 자기확신 – 이상적 자기애

자유롭고 창의적인 생각들을 자기 확신을 통해 보다 현실적인 직관력을 더해 깊이 사고하는 모습으로 드러내도록 한다.

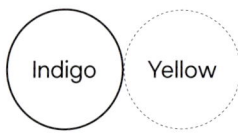

Energy : 지적 향상심 – 낙관적 수행력

변화에 대한 낙관적 향상심을 통해 지적 호기심을 키우고 높은 집중력으로 기대를 이루도록 한다.

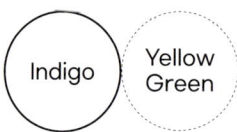

Energy : 안정적 계획 – 이상적인 성장

안정적 성장을 지향하는 현실적 이상주의를 통해 보다 높은 수행능력을 키우고 계획성 있게 실현토록 한다.

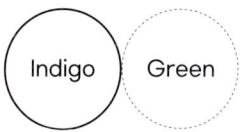

Energy : 성실한 충성심 – 조화로운 수행력

책임감을 갖는 성실한 충성심을 통해 조직력을 높이고 객관적 결과물을 통해 질적 성장의 깊이를 더한다.

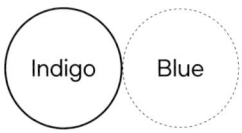

Energy : 계획적 사고 – 신뢰감 있는 집중력

신뢰로운 계획성을 갖는 사고적 지성을 통해 집중력을 깊게 하여 현실적 이상주의를 실현하도록 한다.

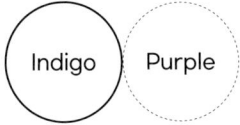

Energy : 신비로운 직관력 – 이상적 회복력

신비로운 직관력을 통해 탁월성을 가지고 집중력을 높여 깊이 있는 회복력을 가질 수 있도록 한다.

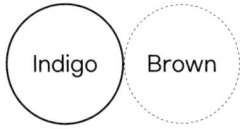

Energy : 진중한 안정감 – 풍요로운 집중력

진중하고 지혜로운 성찰을 통해 안정감을 갖고 집중력을 높여 결실을 이루도록 한다.

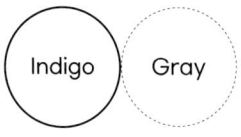

Energy : 지혜로운 성찰 – 성숙한 직관력

성숙한 지혜로움을 통해 자신을 세우고 직관적 사고의 힘을 키워 현실적 이상주의를 실현케 한다.

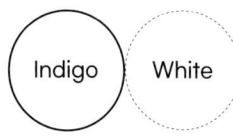

Energy : 완전한 명료성 – 분석적 통찰력

완전성과 명료한 힘을 통해 수행능력을 높이고 이를 통한 분석적 객관성으로 깊은 통찰과 직관력을 갖도록 한다.

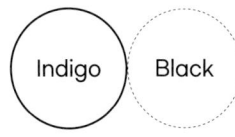

Energy : 강력한 위엄 – 절대적 집중력

강력한 힘을 통한 위엄 있는 지배력은 집중력을 높여 실행의 계획성과 함께 조직력을 높이고 절대적인 힘을 갖도록 한다.

내면에 숨겨져 있는 무의식을 담은 4번의 컬러에너지에 **Purple**의 생각 위의 생각으로 탁월한 '**창의적 힘**'을 담은 긍정에너지로 설계하여 나아가야 한다.

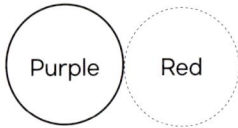

Energy : 강인한 실행력 - 탁월한 지배력

강인한 실행력을 통해 창의적 직관력을 열정적으로 드러내어 탁월함을 갖도록 한다.

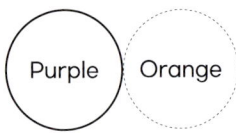

Energy : 자유로운 개방성 - 창의적 표현력

개방적 사교성은 자유로움을 통해 활력을 갖게하여 창의적 표현력으로 드러내도록 한다.

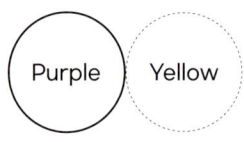

Energy : 낙관적 호기심 - 탁월한 유연성

낙관적 기대를 통한 호기심이 창의적으로 실행하도록 하여 탁월함을 유연하게 드러낼 수 있도록 한다.

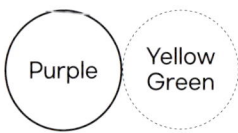

Energy : 친절한 배려심 - 온화한 회복력

온화하고 부드러운 힘을 통해 편안함을 갖고 친절한 배려심은 회복력을 가지고 나눌 수 있도록 한다.

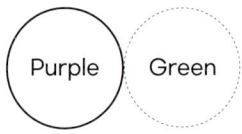

Energy : 조화로운 치유력 - 정신적 일체성

균형 잡힌 조화로움을 통해 치유력을 갖고 이를 통해 탁월한 정신적 이상주의자로서 회복력을 갖도록 한다.

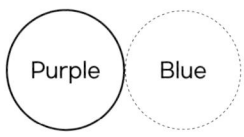

Energy : 사고의 성찰 - 탁월한 계획성

내면의 사고를 통해 성찰을 갖는 창의적 직관력의 깊이를 더하고 드러냄에 있어 탁월함을 갖도록 한다.

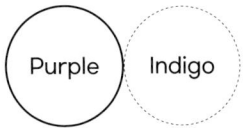

Energy : 분석적 집중력 - 이상적 창의성

직관력을 갖는 높은 집중력을 통해 창의적 정신력을 끌어내어 자신의 탁월함을 드러내도록 한다.

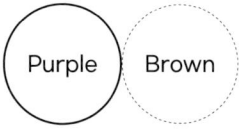

Energy : 풍요로운 안정 - 견실한 창의성

자신에 대한 탄탄한 안정과 풍요로움을 통해 견실함을 갖고 이를 통해 탁월한 창의성을 드러낼 수 있도록 한다.

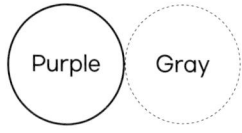

Energy : 자기성찰과 참회 - 성숙한 직관력

자신에 대한 통찰과 참회를 통해 흔들림 없이 자신을 세울 수 있도록 하며 이를 통해 성숙한 직관력을 갖도록 한다.

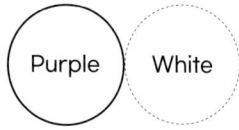

Energy : 비움의 고결함 - 영적신비와 풍요로움

비움의 풍요로움을 통해 진실된 자신을 들여다보고 이를 통해 탁월한 직관력을 진실 되게 드러내도록 한다.

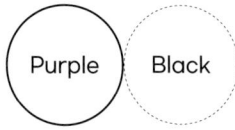

Energy : 절대적 지배력 - 탁월한 권위와 위엄

절대적 파워를 지닌 지배력을 통해 영적 지도자로서의 탁월함을 권위 있게 드러내도록 한다.

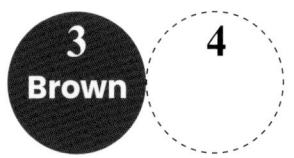

내면에 숨겨져 있는 무의식을 담은 4번의 컬러에너지에 **Brown**의 탄탄한 견실함과 '**안정의 힘**'을 담은 긍정에너지로 설계하여 나아가야 한다.

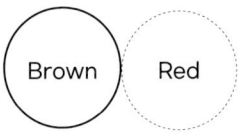

Energy : 열정적 획득력 - 강인한 안정

강인한 생명력을 통해 획득력을 갖고 이를 통해 자신을 세워 힘 있는 안정을 추구하도록 한다.

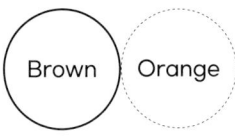

Energy : 창의적 자기확신 - 극복의 활력과 기쁨

자기 확신을 더한 창의적 힘을 통해 고난을 극복하고 기쁨과 활력을 더해 풍요로움을 이루도록 한다.

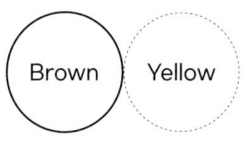

Energy : 변화의 낙천성 - 긍정적 결실

변화에 대한 낙천적 기대를 통해 희망을 갖고 시도함으로 풍요로운 결실을 맺도록 한다.

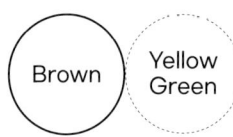

Energy : 성장 지향성 - 편안한 충실함

성장 지향의 발전적 마인드를 통해 충실함을 다지도록 하여 편안한 안정감을 갖도록 한다.

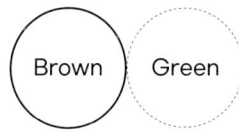

Energy : 건전한 일체감 - 조화로운 안정

건전하게 균형을 이루는 일체감을 통해 조화로운 안정을 추구하는 충실함을 이루도록 한다.

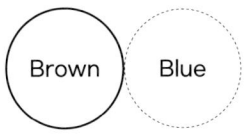

Energy : 지적 사고의 실행 – 신뢰와 강한 의리

지성적 사고를 통한 성실한 실행은 신뢰를 더하여 강한 의리로 안정감을 갖도록 한다.

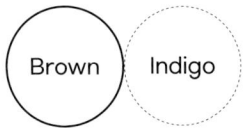

Energy : 객관적 분석력 – 견실한 수행력

집중력을 높이는 객관적 분석력을 통해 견실한 설계를 하도록 하고 이를 통해 안정된 결실을 드러내도록 한다.

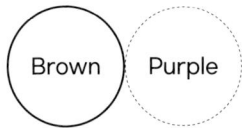

Energy : 정신적 회복력 – 풍요로운 이상

창의적인 정신력은 직관의 힘을 통해 회복력을 갖고 이를 통해 풍요로운 이상을 갖도록 한다.

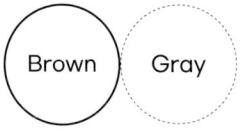

Energy : 중용의 안정 – 지혜로운 충실함

중용의 힘을 통해 치우침 없는 안정을 주어 지혜롭고 충실한 모습으로 안정감 있게 드러낼 수 있도록 한다.

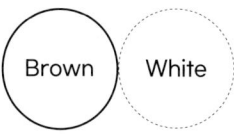

Energy : 진실된 믿음 – 견실한 신뢰로움

진실된 신뢰를 통해 정직한 믿음을 갖게 하고 견실함으로 풍요를 누릴 수 있도록 한다.

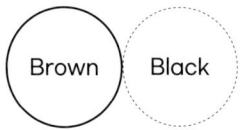

Energy : 위엄있는 지배력 – 견실한 권력

파워풀한 위엄을 통해 지배력을 갖고 이를 통해 탄탄한 자신을 세워 드러낼 수 있도록 한다.

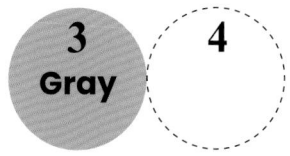

내면에 숨겨져 있는 무의식을 담은 4번의 컬러에너지에
Gray의 성숙한 지혜를 바탕으로 '중용의 힘'을 담은
긍정에너지로 설계하여 나아가야 한다.

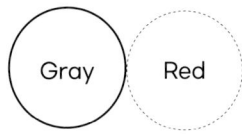

Energy : 명쾌한 실행력 – 중용의 강인함

강인한 힘으로 중용의 에너지를 끌어내어 자신을 지혜롭고 성숙하도록 한다.

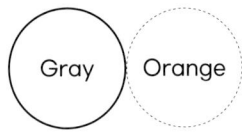

Energy : 개방적 자유로움 – 편견 없는 중립

확신을 갖는 자유로움으로 자신을 들여다보는 힘을 통해 편견 없이
관계하고 중심을 갖도록 한다.

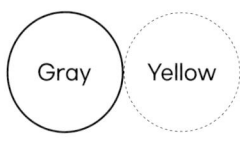

Energy : 빛의 유연성 – 성숙한 나눔

밝음의 따뜻함을 고르게 나누는 성숙한 자신을 만나도록 하여 지혜로운
균형을 갖도록 한다.

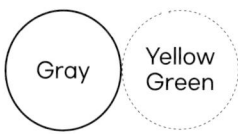

Energy : 친절한 배려 – 안전한 중용

친절하고 온화하여 배려심 있는 에너지를 통해 안정된 중용의 마음을
차분하고 성숙하게 드러내도록 한다.

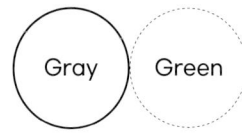

Energy : 조화로운 소통 – 성숙한 균형

조화를 이루며 소통하려는 힘을 통해 치우침 없는 성숙한 자신을 끌어낼 수
있도록 한다.

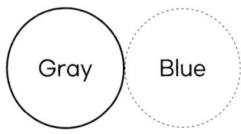

Energy : 성실한 계획성 – 신중한 사고적 처리

계획적인 사고의 힘을 통해 자신을 들여다보고 통찰을 통해 중용과 신중함을 갖도록 한다.

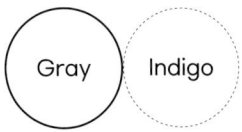

Energy : 객관적 분석력 – 지혜로운 집중력

객관적 분석력을 통해 계획성 있게 집중력을 높이고 이를 통해 지혜를 품은 성숙한 모습으로 드러나도록 한다.

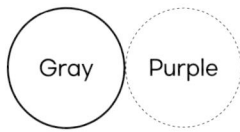

Energy : 신비로운 직관력 – 고상한 탁월함

직관력을 갖는 신비로운 창의성을 통해 보다 고상하고 진중하게 가치를 높이도록 한다.

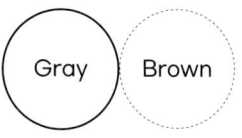

Energy : 견실한 풍요로움 – 안정적 중립

견실한 풍요로움을 통해 자신을 바로 설 수 있도록 하고 치우침 없는 안정감 있는 모습으로 드러낼 수 있도록 한다.

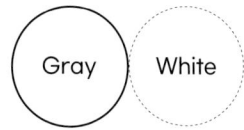

Energy : 공평한 신뢰로움 – 진실된 중용

완전한 풍요로움은 공평한 신뢰를 통해 중립적 자신을 드러내어 성숙한 안정을 갖도록 한다.

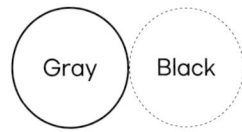

Energy : 진지한 자기조절 – 중용의 지배력

진지하고 위엄 있는 힘을 통해 자신을 조절하여 중용의 안정된 마음을 지배력 있는 엄숙함으로 드러내도록 한다.

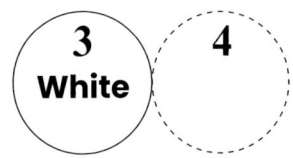

내면에 숨겨져 있는 무의식을 담은 4번의 컬러에너지에 White의 비움을 통해 충만함으로 '**합일의 힘**'을 담은 긍정에너지로 설계하여 나아가야 한다.

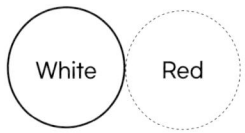

Energy : 강인한 실행력 – 명쾌한 풍요로움

강력한 실행력으로 수행능력을 높여 완전하게 자신을 내어 풍요로운 내면을 만들도록 한다.

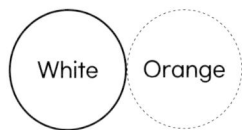

Energy : 창의적 자유로움 – 진실된 자기확신

솔직하고 창의적인 자유로움을 통해 정직하고 진실된 신뢰성을 드러내도록 한다.

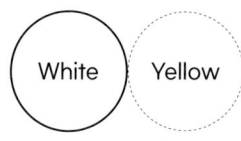

Energy : 긍정적 희망 – 공평한 나눔

낙관적 기대와 긍정적 희망은 빛으로 펼쳐져 공평하게 나누는 풍요로움으로 유연성을 갖도록 한다.

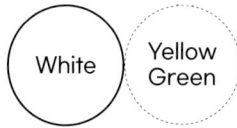

Energy : 온화한 성장 – 배려의 완전성

편안하고 온화한 성장 에너지를 통해 자신을 내어주어 완전성을 갖도록 한다.

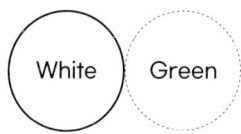

Energy : 치유의 균형 – 관대한 풍요로움

관대함을 갖는 치유의 능력을 통해 균형을 찾고 진실된 풍요로움을 드러내도록 한다.

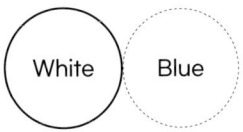

Energy : 사고의 계획성 – 완전한 신뢰로움

지성적인 사고의 계획성을 통해 성실한 실천력을 가져 신뢰롭게 완전함을 드러내도록 한다.

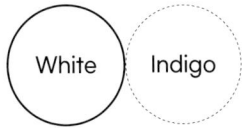

Energy : 현실적 이상주의 – 명료한 신뢰감

깊은 직관을 갖는 이상주의를 통해 현실적 신뢰감을 찾고 명료하고 완벽하게 드러내도록 한다.

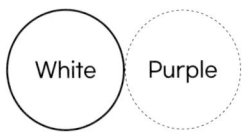

Energy : 정신적 직관력 – 고결한 완전성

정신력을 깊게 하여 탁월한 직관을 통해 영적 풍요로움을 갖고 고결함으로 완전성을 추구하도록 한다.

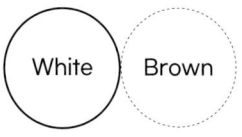

Energy : 안정된 자기 – 영적 풍요로움

자신을 탄탄히 세우는 안정감 있는 힘은 스스로를 내어 빛을 비추게 함으로 완전함을 갖도록 한다.

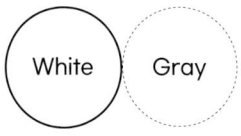

Energy : 중용의 지혜 – 진실된 성숙

치우침 없는 중용의 힘을 통해 신중하게 자신을 세우고 이를 통해 성숙한 자신을 드러내도록 한다.

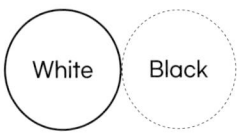

Energy : 통합의 절대력 – 비움의 지배력

채움을 통해 절대적 지배력을 갖는 강력한 힘을 내어줌으로 풍요로움을 찾도록 힌다.

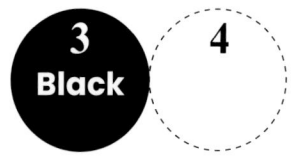

내면에 숨겨져 있는 무의식을 담은 4번의 컬러에너지에 **Black**의 시작과 끝이 통합된 '**절대적 힘**'을 담은 긍정에너지로 설계하여 나아가야 한다.

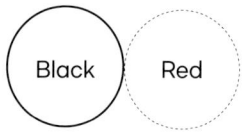

Energy : 열정적 리더십 – 강인한 지배력

강인한 리더십을 통해 지배력을 갖고 절대적인 힘을 열정적으로 드러내도록 한다.

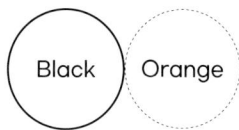

Energy : 창의적 자기확신 – 세련된 자유로움

창의적인 자기 확신은 자유로움을 통해 세련되게 표현되도록 하여 이로써 자신을 드러낼 수 있도록 한다.

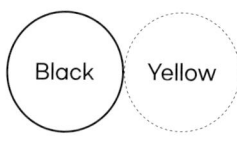

Energy : 변화의 기대 – 개혁의 향상심

낙관적 기대를 통해 변화를 추구하므로 개혁의 의지를 불러 진취적으로 힘을 드러내도록 한다.

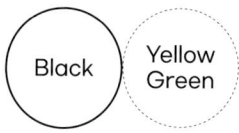

Energy : 안정된 성장 – 온화한 지배력

편안한 성장을 통해 안정된 힘을 구축하여 온화함으로 배려하는 위엄있는 지배력을 갖도록 한다.

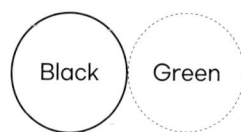

Energy : 조화의 추구 – 관대한 위엄

균형을 갖고 건전하게 조화로움을 추구하는 힘을 통해 관대하고 위엄있는 힘을 더하도록 한다.

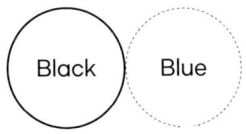

Energy : 신뢰로운 계획성 – 지성적 권력

계획성 있는 책임감을 통해 신뢰를 획득하고 이를 통해 지성적인 권력을 가질 수 있도록 한다.

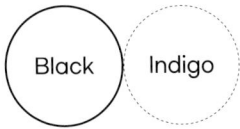

Energy : 직관적 이상 – 절대적 권위

깊이 있는 직관력을 통해 현실적 이상주의에 힘을 더하고 정복의 욕구를 통해 지배력을 갖게 한다.

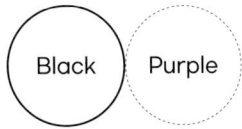

Energy : 탁월한 직관력 – 정신적 지배력

자신의 탁월한 직관력을 믿고 위엄 있게 창의적 힘을 더한 강력한 지배력을 펼쳐 나가도록 한다.

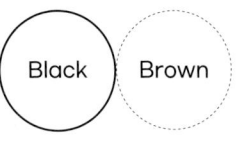

Energy : 강한 의리와 견실함 – 안정적 지배력

강한 자신의 견실함은 풍요를 갖게 하여 이를 통해 절대적인 힘을 위엄있게 드러내도록 한다.

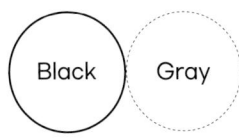

Energy : 안정적 지혜로움 – 성숙한 지배력

신중하고 안정적인 힘을 통해 권력을 갖고 성숙한 지혜를 더하여 지배력을 갖도록 한다.

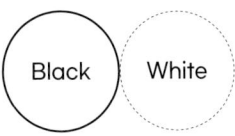

Energy : 내면의 자유 – 풍요로운 지배력

소유하지 않음으로 깊이를 갖는 풍요로움을 통해 내면의 힘을 키우고 이를 통해 절대적인 힘을 갖도록 한다.

10장
N 세피라 분석
N Sephira Analysis

    12번째 오는 색은 선호경향의 우선 순위에서 밀려 있거나 가장 싫어하는 색이다. 따라서 이 색은 본인이 외면하고 있는 색이기 때문에 에너지가 결핍되어 있다고 할 수 있다. 심리적으로 에너지가 결핍되어 있다는 것은 자신의 강점을 드러나는데 방해가 되기도 한다. 결핍 에너지를 보충하지 않으면 최소치의 법칙에 따라 아무리 에너지가 많아도 결핍되어 있는 만큼의 에너지를 쓸 수밖에 없다.

    결핍된 에너지를 채우지 않으면 아무리 강점 에너지를 강화시켜도 그 힘을 발휘하는데 한계가 있기 때문에 안정적인 성장이나 힘을 주지 못한다. 따라서 자신의 성장을 지향하려면 결핍을 채워주어서 어느 정도 균형을 맞춰 주어야 한다. 삶을 구조화하고 성장을 지향하기에 끌어올려야 하는 에너지라고 할 수 있다. 약한 대상은 잘 달래야 하는 것처럼 함께 갈 수 있어야 한다. 12가지 색 모두가 자신의 내면의 색이며, 그 가운데 하나라도 결핍되거나 누락되면 통합을 이루어 낼 수 없기 때문이다. 무엇인가 싫어하는 색이 있으면 그 색을 보충하고 용서할 수 있어야 한다. 만약 12번의 결핍이 심화되면 결과적으로 다른 색이 가지고 있는 에너지들의 부정을 드러나게 하고 확산시키게 된다. 따라서 자신의 변화를 촉진시키기 위한 가장 필요한 색일 수 있으며, 위기 상황에서 중요한 에너지원이 될 수 있다. 큰 둑도 작은 구멍 하나에서 시작되듯이 많은 것들보다 채워지지 않은 하나가 더 큰 파괴력을 발휘할 수 있기 때문이다.

이런 에너지의 흐름은 자신을 완성시키는 가장 마지막의 중요한 키워드이고, 완성의 미학을 드러낼 수 있는 가장 마지막 퍼즐과도 같다. 따라서 피썬세피라에서는 12번째 결핍의 색을 자신이 필요로 하는 색으로 설명하고 있다. 이 필요의 색은 실제로는 자신에게 가장 결핍되어 있는 색이기 때문에 스스로 만들어 내거나 보충하는데 한계가 있어 쉽게 포기할 수도 있는 색 에너지이다. 따라서 이 색을 이해하고 색 에너지를 알 때, 외부로부터 이 에너지를 공급받거나 찾을 수 있게 된다. 자신의 결핍을 이해하고 들여다본다는 것은 성숙을 의미하고 성장을 위한 힘을 얻을 수 있다는 것이기 때문에 저항과 낯설음을 극복하면 적은 충족에도 큰 에너지를 얻을 수 있다. 피썬세피라의 코칭은 12번의 색을 중심으로 미래를 전망하고, 구체적인 설계를 하게 된다.

 **12번 컬러**
필요   비선호에 따른 외면으로 충족이 필요한 색

*해석원리 :

U색의 활성화를 돕기 위해 N색을 사용해야 한다.

N 세피라 분석

 4번 에너지를 끌어내기 위해
열정과 의지를 담은 **실행의 힘**이 필요하다.

 4번 에너지를 끌어내기 위해
열정과 의지를 담은 **관심의 힘**이 필요하다.

 4번 에너지를 끌어내기 위해
기대와 변화를 담은 **희망의 힘**이 필요하다.

 4번 에너지를 끌어내기 위해
온기와 시작을 담은 **성장의 힘**이 필요하다.

 4번 에너지를 끌어내기 위해
질서와 안정을 담은 **균형의 힘**이 필요하다.

 4번 에너지를 끌어내기 위해
신뢰와 지성을 담은 **통찰의 힘**이 필요하다.

 4번 에너지를 끌어내기 위해
집중과 인내를 담은 **직관의 힘**이 필요하다.

 4번 에너지를 끌어내기 위해
이상과 가치를 담은 **창조의 힘**이 필요하다.

 4번 에너지를 끌어내기 위해
숙성과 풍요를 담은 **결실의 힘**이 필요하다.

 4번 에너지를 끌어내기 위해
지혜와 포용을 담은 **중용의 힘**이 필요하다.

 4번 에너지를 끌어내기 위해
통합과 회복을 담은 **채움의 힘**이 필요하다.

 4번 에너지를 끌어내기 위해
정화와 탄생을 담은 **비움의 힘**이 필요하다.

IV
피썬세피라의 코칭과 활용

11장 피썬 코칭의 설계 및 실제

| 부록 1 | 'PE-SUN' 색채심리분석의 원리

| 부록 2 | 12색 컬러키워드

참고문헌

11장
피썬 코칭의 실제
Design and Practice of PESUN Coaching

PESUN C.S.I.Color Sephirah Indicium는 현재 상태나 과거의 감정이나 정서를 읽는 것에 그치지 않는다. 자신의 미래를 설계하고 필요한 에너지를 보충하도록 돕는 데 그 목적이 있기 때문에 현재의 분석을 통해 목표를 세우게 하고, 자신의 힘을 어떻게 드러내고 보충하는지를 설명해준다. 지금까지 색을 이해하고 다루는 기본적인 흐름을 이해했다면, 이를 토대로 상담과 코칭을 이해하고 코칭을 할 수 있어야 한다. 코칭은 아래 그림에서 보듯이 구체적인 과정을 통해 설계하게 된다.

각각의 개별 색들은 순서에 따라, 선택 경향에 따라 에너지를 갖는다. 그 에너지를 이해하면 자신의 미래와 성장을 위한 색 에너지를 찾을 수 있다. 이 흐름은 다음 표를 통해 확인할 수 있다.

외부의 색 – 현재	1번	Persona	기대의 반영
	2번	Ego	의식의 색
내면의 색 – 성장	3번	Shadow	억제된 색
	4번	Unconscious	본질의 색
결핍의 색 – 보완	12번	Need	결핍의 색

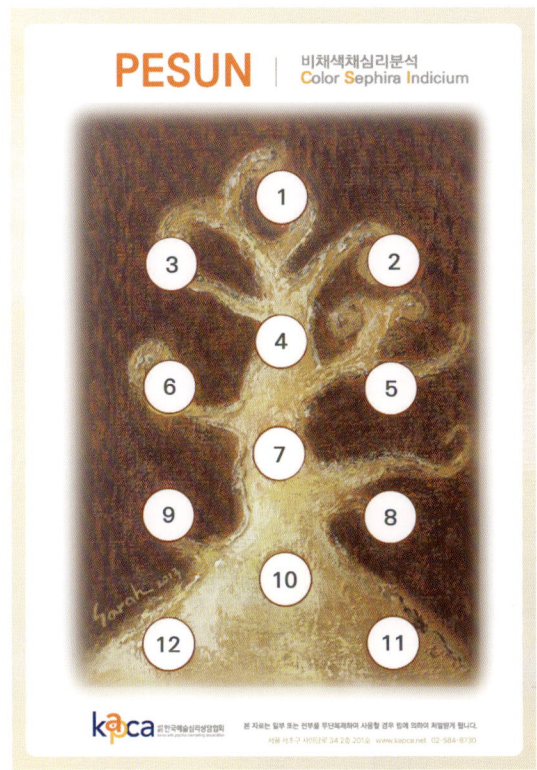

결과분석에 따른 코칭설계

- 1, 2번 컬러를 통해 현재 상태를 분석
- 3, 4번 컬러를 통해 긍정 미래를 설계
- 12번의 결핍컬러 보충을 통해 4번이 억압된 자신인 3번을 드러내도록 도움
- 자신의 결핍을 채우고 색의 균형을 통해 성장지향
- 색을 이해하고 색의 에너지를 통해 삶을 설계

 PESUN 분석 및 코칭 온라인강의

PESUN 코칭의 실제 No.1   **PESUN** | 비채색채심리분석
Color Sephira Indicium

- **1단계 해석 : 현재 상태 해석 (1-2번 컬러해석)**

양	배려심 있는 관대한 태도는 편안함과 안정을 줄 수 있고, 조화를 나타내며 이에 따라 온화하고 친절한 상태로 드러나는 것을 추구한다.
음	내·외부의 불편한 환경으로 불안함을 갖는 매우 피로한 상태로서 기대어 쉬고 싶어 안전하게 보호받고 싶은 마음이 반영되어 있을 수 있다.

- **2단계 해석 : 성장 목표 해석 (3-4번 컬러해석)**

객관적 분석력을 통해 계획성 있게 집중력을 높이고 이를 통해 지혜를 품은 성숙한 모습으로 드러나도록 한다.

- **3단계 분석 : 필요 컬러 해석 (12번 컬러해석)**

현재의 결핍에너지로 부정의 경향성을 나타낼 때, 강박적 성향으로 불안감을 갖게 될 수 있으며 고독함은 공허함으로 스스로를 고립시킬 수 있다. 따라서 필요한 에너지는 순수하게 평정상태를 만들고 발전과 창조성을 부어 원하는 이상을 만들어 내는데 도움을 줄 수 있도록 해야 한다. 이를 통해 절대적 채움의 에너지는 새로운 시작을 위해 각각의 다양한 색 에너지를 전할 수 있다.

- **4단계 분석 : 통합 에너지 반영 및 코칭**

현재 자신을 드러내는 데 있어 편안하고 안정감 있게 드러내려 하고 있으나 내적으로는 불편함의 요소들을 은폐시키거나 의존성을 띤 상태로 비관적이며 우울하다.

이러한 상태를 극복하고 자신을 성장시키기 위해 깊이 있는 현실적 이상주의를 통해 치우침 없는 신중함으로 지혜로움을 드러내야 한다. 그러나 깊이 있는 내적 성찰을 통한 현실적 이상주의의 실현은 현 상태에서 쉽지 않기 때문에 현재 자신의 완고하고 이기적인 프레임을 비워내는 것이 필요하며 이를 통해 편견 없는 수용의 힘을 키워 받아들인 것들을 통해 지혜를 갖고 성숙한 자신을 세울 수 있어야 한다.

PESUN 코칭의 실제 No. 2   **PESUN** | 비채색채심리분석
Color Sephira Indicium

- **1단계 해석 : 현재 상태 해석 (1-2번 컬러해석)**

양	완전함으로 풍요로움을 갖고자 지적 향상심을 갖고 변화를 위해 보다 유연성 있게 수용하려는 태도를 가지려 한다.
음	실패에 대한 심리적 압박감은 경계심을 갖게 하고, 이 경계심은 예민하고 신경질적이게 드러날 수 있다.

- **2단계 해석 : 성장 목표 해석 (3-4번 컬러해석)**

  지성적 사고의 힘을 통해 세운 신뢰로운 계획은 책임감 있는 실행력으로 침착한 성장을 하도록 한다.

- **3단계 분석 : 필요 컬러 해석 (12번 컬러해석)**

  현재의 결핍에너지로 인해 부정의 경향성을 나타낼 때, 자기중심적 성향을 갖게 하여 편협하고 이기적인 태도로 드러나 타인과의 소통에서 문제로 발생될 수 있다. 따라서 필요한 에너지는 정서적 갈등과 불만의 상황에 대한 안정을 찾고 보호와 지지를 받을 수 있도록 해야한다. 이를 통한 안정적 강인함은 자신의 결정에 흔들림 없는 확고한 확신과 신뢰를 갖도록 할 수 있다.

- **4단계 분석 : 통합 에너지 반영 및 코칭**

  현재 온전한 풍요로움으로 따뜻함을 나누는 유연성을 드러내고 있으나 심리적으로는 압박감을 갖고 억압된 불안상태로써 예민하다. 이러한 상태를 극복하고 자신을 성장시키기 위해 보다 구체적으로 현실을 가미한 계획적 접근이 필요하며 차분히 준비된 설계는 신뢰로운 성장을 갖게 할 수 있다. 그러나 현재의 상태로는 이와 같은 접근이 다소 어려우며 이를 반영하기 위해서는 다른 사람의 조언이나 의견에 휘둘리지 말고 스스로를 믿으며 확신있는 힘으로 끈기있게 안정을 갖도록 하는 것이 필요하다.

PESUN 코칭의 실제 No. 3　　**PESUN** | 비채색채심리분석
Color Sephira Indicium

- **1단계 해석 : 현재 상태 해석 (1-2번 컬러해석)**

양	기분 좋은 활력과 자유로운 사교성을 드러냄에 있어 믿음과 신뢰를 얻고자 사교적으로 노력하며 관계 맺음을 잘 하려고 노력하고 있다.
음	자기 자신에 대한 도피적 성향이 소심한 열등감으로 드러나거나 행동을 억압하는 자기 사고에 갇혀 관계 도피적으로 드러날 수 있다.

- **2단계 해석 : 성장 목표 해석 (3-4번 컬러해석)**

변화에 대한 낙관적 향상심을 통해 지적 호기심을 키우고 높은 집중력으로 기대를 이루도록 한다.

- **3단계 분석 : 필요 컬러 해석 (12번 컬러해석)**

현재의 결핍에너지로 인해 부정의 경향성을 나타낼 때, 진보적 개혁이 아닌 강력한 지배력으로 권위적 태도를 보일 수 있다. 따라서 필요한 에너지는 새로운 변화를 지향하며 낯선 과제를 수용함으로 용기와 기대를 통해 생각의 전환을 가져와야 한다. 이를 통해 자신에게 필요한 모든 에너지를 통합하여 힘 있게 그것들을 펼쳐낼 수 있다.

- **4단계 분석 : 통합 에너지 반영 및 코칭**

현재 활력을 가지고 따스하고 자유롭게 관계맺음을 하고 있는 듯 보이나 억압된 자신의 열등감이 소극적 태도와 함께 내향성을 갖는다. 이러한 부적절한 자아를 세우기 위해 보다 유연하게 자기분야에 몰입하는 전문성이 필요하다. 허나 현재 상태에서 안정적으로 깊이 있는 직관력을 갖기 위해서는 편견없이 다양한 정보와 지식을 수집하고 받아들이는 것이 필요하다. 이를 통해 긍정적이고 안정적이며 현실적 이상주의를 실현해 나갈 수 있는 냉철한 분석력을 갖게 할 수 있다.

PESUN 코칭의 실제 No. 4   **PESUN** | 비채색채심리분석
Color Sephira Indicium

200

- **1단계 해석 : 현재 상태 해석 (1-2번 컬러해석)**

양	희망에 대한 변화와 기대는 변화를 추구하며 그것을 드러냄에 있어 현실적인 계획을 가지고 실행하여 이루어내려고 노력한다.
음	변화에 대한 분출에너지는 다소 유아적 경향성을 가지고 단순하게 본능적으로 표현됨으로써 신경질적이고 미숙한 태도로 드러날 수 있다.

- **2단계 해석 : 성장 목표 해석 (3-4번 컬러해석)**

  분석적이고 객관적인 통찰력과 깊이 있는 집중력을 통해 완성도를 높여 자기 확신의 태도를 드러낼 수 있도록 한다.

- **3단계 분석 : 필요 컬러 해석 (12번 컬러해석)**

  현재의 결핍에너지로 인해 부정의 경향성을 나타낼 때, 깊은 우울감을 갖게 할 수 있으며 내적 고통에 따른 불행감과 무가치감으로 드러날 수 있다. 따라서 필요한 에너지는 탁월한 자신의 이상을 현실에서 실현시켜 드러나도록 해야 한다. 이를 통해 자신의 창의적 성찰을 도와 차별화된 자신을 이상화 하여 드러낼 수 있으며 일상의 안위보다는 이상적 이타주의를 통해 관대함을 펼칠 수 있다.

- **4단계 분석 : 통합 에너지 반영 및 코칭**

  희망의 기대를 가지고 변화의 요구를 유연하게 계획하여 이루려고 하고 있으나 다소 유아적인 미숙한 실행력이 변덕스럽고 즉흥적인 형태로 드러날 수 있다. 자신을 바로 세워 창의적으로 성장하기 위해 보다 분석적이고 객관적인 통찰력을 가지고 집중력을 높일 필요가 있으며 이를 위해서 타인의 의견에 무조건 의존하기 보다 자신만의 창조적 세계를 만들어 질서와 원리를 세우고 탁월함으로 완성도를 높이게 된다면 보다 자유로운 자기를 완성하여 드러낼 수 있을 것이다.

PESUN 코칭의 실제 No. 5    | 비채색채심리분석
Color Sephira Indicium

- **1단계 해석 : 현재 상태 해석 (1-2번 컬러해석)**

양	힘 있는 행동 에너지는 추진력을 갖고 있으나 독단적으로 강하게 밀어 붙이기보다 현실적인 계획 안에서 사고하고 소통하며 이루고자 노력하고 있다.
음	행동 에너지를 적극적인 실행력으로 드러내지 못하고, 깊이를 갖는 사고의 요구와 마찰을 일으켜 내면의 불편함으로 드러날 수 있다.

- **2단계 해석 : 성장 목표 해석 (3-4번 컬러해석)**

안정된 밸런스에 따라 조화로움을 추구하는 힘을 통해 낙천적으로 사고하며 활력을 갖도록 한다.

- **3단계 분석 : 필요 컬러 해석 (12번 컬러해석)**

현재의 결핍에너지로 인해 부정의 경향성을 나타낼 때, 불안함으로 인해 소극적이며 의존적 성향으로 드러낼 수 있다. 따라서 필요한 에너지는 차분하게 안전한 주변 상황을 만들어 편안한 마음으로 긍정적 설계를 할 수 있도록 해야 한다. 이를 통해 평화롭고 안전한 마음은 새로운 자신의 원칙을 세우고 신념을 기꺼이 즐기며 드러낼 수 있도록 할 수 있다.

- **4단계 분석 : 통합 에너지 반영 및 코칭**

현재 자기 안에 있는 강력한 힘의 에너지를 사고인 힘을 통해 계획성 있게 드러내려고 하고 있으나 행동에너지의 적극적인 외향성 요구와 내면을 성찰하고자 탐색하는 내향성 요구가 마찰을 일으켜 힘의 불균형이 갖는다. 이에 따라 필요한 힘은 대립된 에너지의 흐름이 아닌 편안하고 안정적인 힘으로 주변을 배려하며 조화로움을 획득하는 힘이다. 이와 같은 에너지의 획득은 밸런스를 찾게 하여 자신을 보다 만족스럽고 자유롭게 드러낼 수 있도록 할 것이다.

| 부록 1 |

'PE-SUN' 색채심리분석의 원리

- 컬러분석의 해석 (1단계 ~ 4단계)

1단계
- 색을 붙이기 전 눈을 감고 자신의 마음을 명상한다.
- 개인의 선호도에 따라 색을 선택하여 순차적으로 12색 스티커를 붙인다.
- 색을 붙일 때 생각하기보다는 그 순간의 자신의 정서와 감정에 충실한다.

2단계
- 색을 해석의 구조에 따라 키워드와 색의 특성을 이해하여 개별 분석한다.

※ 색 해석의 순서

1st : P-color
- 자신의 상태에 대한 기대를 반영한다.
- 자신을 표현하기 위해 사용되는 색이다.
- 의식적 사용으로 외부로 드러나는 색이다.
- 가상의 색으로 자신의 본질은 아니다.
- 자신의 필요를 얻을 수 있다고 믿는 색이다.
- 사회의 요구 및 보여지고 싶은 색이기도 하다.

2nd : E-color

- 자신의 현 상태를 반영한다.
- P-color 의 실행동기로 작용할 수 있다.
- 외적에너지원으로 움직임을 갖는다.
- 자신에게 힘을 주는 색으로 작용할 수 있다.
- 전면에 드러나는 것이 불편하여 한발 물러선 느낌이다.

3rd : S-color

- 자신도 모르게 숨기고 싶은 색이다.
- 드러날 때의 불편함으로 의식의 밑면에 숨겨둔 색이다.
- 다른 사람들에게 당신의 색으로 인식될 수 있다.
- 수용하여 외부로 드러내야 하는 색이다.
- 어두운 측면은 부정으로 드러날 수 있다.
- N-color 와의 연관성을 이해할 필요가 있다.

4th : U-color

- 자신의 내면에 숨겨져 있는 소망이 반영된 색이다.
- 자신도 모르게 경험되는 색이기도 하다.
- 자신의 내면을 들여다보고 에너지를 얻는다.
- 삶의 목표를 세울 수 있다.
- S-color 에 긍정 에너지를 주어 성장을 돕는다.
- 부정적 영향을 나타내어 부정키워드로 발현될 수 있다.

Last : N-color

- 자신의 무의식적 결핍상태를 반영한다.
- 이 색을 싫어하거나 외면하는 색으로 드러난다.
- 코칭 및 치료에 있어 적절한 반영이 필요하다.
- 메이저 컬러와의 대립구조로 갖을 가능성이 있다.
- S-color를 더욱 끌어내리는 작용을 할 수 있다

3단계

개별 해석을 통합적 이해로 통찰하고, 선택된 색의 경향성을 연계하여 해석한다.

외부의 색 현재	1번	Persona	기대의 반영
	2번	Ego	의식의 색
내면의 색 성장	3번	Shadow	억제된 색
	4번	Unconscious	본질의 색

*외부의 색 : 1번-2번의 해석 point

- 1번색은 Persona로 외부로 드러내고 싶은 자신의 특성이다. 현재 자신이 생각하는 자신의 색으로 표현된다.
- 2번색은 에고로 자신의 외부로 드러나는 색을 조절하는 힘을 가지고 있으며, 힘의 원천이라 할 수 있다.
- 1번은 2번의 에너지 상태가 반영되어 표현된다고 할 수 있다.

※ 해석의 적용

- 2번의 현재 상태(에너지)에 대한 필요로 1번을 사용하고 있다.
- 2번을 드러내는 것이 불편하여 1번으로 사용하고 있다.

*내면의 색 : 3번-4번 해석 point

- 3번색은 자신이 가지고 있으나 드러내기 싫거나 저항의 색일 수 있다.
- 4번색은 드러나지도 않고 인식되지도 않는 자신의 색일 수 있다. 이 색은 1-2구조에 의해 드러나지 않는 색으로 자신의 성장 및 발전을 위해 3-4구조로 변환시켜 색을 드러내야 한다.
- 성장을 위해 의식에 가까운 3번색을 개발하고 드러내야 하는데, 이때 4번의 에너지가 3번을 지지하게 된다.

※ 해석의 적용

- 3번의 긍정 에너지를 발현시키기 위해 4번의 긍정 에너지를 사용해야 한다.
- 4번의 부정 에너지를 통해 3번을 외부로 드러내고 있다.

4단계

색을 해석한 결과에 따라 분석하고 전체적인 흐름에 따라 설계 분석을 하고 이를 세부적으로 개인의 상황에 따라 코칭한다.

*결핍의 색 : 12번 해석 point

- 12번 색은 자신의 심리적 결핍을 보여줄 수 있다. 따라서 자신의 변화를 촉진시키기 위해 필요한 색이라고 할 수 있다.
- 자신의 삶을 구조화하면 결핍의 에너지가 자신을 성장시키는 원동력이 될 수 있다.
- 이 색이 가진 에너지는 다른 색들의 부정을 강화시킬 수 있으며 3번 색과 관련이 있다.
- 위기 상황에서 중요한 에너지원으로 활동될 수 있다.

※ 해석의 적용

- 궁극적으로 결핍을 충족시켜 주어야 완성된 자신을 찾을 수 있다.
- 12번 컬러의 긍정에너지를 4번 컬러에 주어 3번의 완성을 향할 수 있도록 한다.

| 부록 2 |

12색 컬러키워드

• **RED 계열**

Red

양(陽): 실행력, 열정, 생명력, 지배력, 강인함, 리더십, 외향성, 획득력, 용기, 현실적, 명확함, 강한 정체성, 의지력, 따뜻함, 역동성

음(陰): 파괴력, 공격성, 본능성, 즉흥적, 격렬함, 단순함, 오만함, 분노, 고통, 흥분, 위험, 폭발력, 노여움, 죽음, 전쟁, 광란

Orange

양(陽): 자유, 개방, 활력, 기쁨, 사교, 양기, 자기애, 자존감, 생기, 자기확신, 본능성, 창조성, 원기, 사회성, 융통성, 밝음

음(陰): 가벼움, 억압, 고독, 열등감, 사치, 화려함, 경망함, 허세, 요란함, 자극적, 흥분, 동요, 극도의 애정결핍, 자기과시

Brown

양(陽): 안정, 충실함, 풍요로움, 끈기, 검소, 순박, 고난의 극복, 견실함, 강한 의리, 겸손함, 평화로움, 차분함, 탄탄함, 넉넉함, 숙성

음(陰): 억압, 고집, 자기기반의 불안, 자신감 상실, 건조함, 가난, 욕구 불만, 불평, 현실도피, 완고함, 궁핍함, 노여움, 신체적 병약감

• **GREEN 계열**

Yellow

양(陽) : 빛, 행복, 희망, 기대, 변화, 순수함, 낙관성, 향상심, 기쁨, 유연성, 나눔, 명랑함, 밝음, 호기심, 환상, 따스함, 외향성

음(陰) : 질투, 예민함, 소심함, 변덕, 교활함, 비겁함, 신경질, 불만, 유아적, 자기과대평가, 질병, 연약함, 외로움, 어두움

Yellow green

양(陽) : 성장, 편안함, 부드러움, 순수함, 상냥함, 섬세함, 온화함, 친절함, 바른, 사랑, 따사로움, 차분한 배움

음(陰) : 의존적, 보호욕구, 허약함, 불안, 센티멘탈, 상실함, 위축 경쟁심, 소극적, 억제, 미성숙, 대인공포, 눈치보는, 의존

Green

양(陽) : 균형, 치유, 관대함, 조화로움, 생명, 충실함, 건강, 일체성, 겸손함, 충성, 평등, 회복, 배려, 젊음, 평화, 안전, 규칙

음(陰) : 정체, 정지, 피로, 욕심, 거짓, 죽음, 인색함, 잔인함, 소유, 부정직함, 이기적, 무관심, 자기만족적, 과로, 완고함, 고집

• BLUE 계열

Blue

양(陽) : 신뢰, 책임감, 성실함, 소박함, 순진함, 침착함, 소통, 인내, 계획성 있는, 지성적인, 사고적인, 진지함, 공식적인, 모성, 내면의 탐색

음(陰) : 차가움, 보수적, 무력감, 공허함, 내향성, 관계도피, 정체감, 불신, 냉담함, 반성, 우울, 고립, 불안, 권태로움, 환상의 몰입

Indigo

양(陽) : 객관성, 냉철함, 분석력, 현실적 이상주의, 높은 집중력, 직관력, 진정, 계획성, 철저함, 기품, 정숙, 합리적, 완벽함, 합리성

음(陰) : 편협함, 고립, 외로움, 독단성, 냉정함, 차가움, 독설적, 엄격함, 비판적, 두려움, 보수적, 상실감, 인내, 심한 내향성, 보수적

Pruple

양(陽) : 탁월성, 정신력, 영적지도자, 창의력, 위엄, 세력, 영감, 매혹적인, 신비로움, 신성, 영적인 힘, 이상주의, 헌시, 박애정신, 고상함, 우월감

음(陰) : 만성적 우울, 독단, 오만, 불안정, 과대평가, 포기, 죽음, 병, 고통, 고난, 회개, 무책임, 노여움, 멸망, 광기, 불행, 허약함, 정신적 충격

• ACHROMATIC 계열

Gray

양(陽) : 평정, 중용의 마음, 지혜, 중립, 용서, 성숙, 신중함, 참회, 차분함, 회개, 고상함, 강인함, 깊이, 관대함, 무소유

음(陰) : 혼란, 애매함, 고독, 흐림, 의기소침, 우유부단, 은폐, 무감각, 미결정, 무기력, 불분명, 비관함, 현실외면, 슬픔

White

양(陽) : 초월, 영적 풍요로움, 완전함, 고결함, 순결함, 투명성, 맑음, 경이로움, 충만함, 성스러움, 출발, 탄생, 관대함, 청결, 정화, 치유, 통찰력

음(陰) : 강박성, 심리적 압박감, 경계심, 예민함, 불안감, 실패, 인색함, 예민, 비어있음, 공허함, 집착, 차가움, 두려움, 현실불만족

Black

양(陽) : 절대적인 힘, 강함, 권력, 위엄, 세련됨, 엄숙함, 충분한, 강력함, 출발, 통합, 융합, 합하여지는 힘, 이상세계

음(陰) : 파괴, 상실, 압박, 위압감, 가둠, 부정, 강요, 혼돈, 혼란, 어두움, 종말, 사악함, 육체적 본능, 타락, 극도의 부정

| 참고문헌 |

Alexandra Loske. 『색의 역사: 뉴턴부터 팬톤까지, 세상에 색을 입힌 결정적 사건들』 조원호·조한혁 옮김. 서울: 미술문화, 2020.

Allan Pease & Barbara Pease. 『보디랭귀지』 서현정 옮김. 서울: 베텔스만, 2005.

Andrea Aromatico. 『연금술: 현자의 돌』 성기완 옮김. 서울: 시공사, 2005.

Arnold Mindell. 『양자심리학: 심리학과 물리학의 경계』 양명숙·이규환 옮김. 서울: 학지사, 2011.

C. G. Jung. Alchemical Studies. NewYork: The Gresham Press, 1967.

Celeste Snowber. 『몸으로 드리는 기도』 허성식 옮김. 서울: 한국기독학생회 출판부, 2002.

David R. Shaffer & Katherine Kipp. 『발달심리학』 송길연·장유경·이지연 옮김. 서울: 시그마프레스, 2012.

Dion Fortune. 『미스티컬 카발라』 정은주 옮김. 파주: 좋은글방, 2009.

Georges Jean. 『기호의 언어』 김형진 옮김. 서울: 시공사, 1997.

Howard Sun & Dorothy Sun. 『내 삶에 색을 입히자: 색채심리와 색채치료』 나서숙 옮김. 서울: 예경, 2006.

John Welch. 『영혼의 순례자들』 심상영 옮김. 서울: 한국기독교연구소, 2000.

Marie-Laure Bernadac & Paule du Bouchet. 『피카소, 성스러운 어릿광대』 최경란 옮김. 서울: 시공사, 2006.

Maurice Merleau-Ponty. 『간접적인 언어와 침묵의 목소리』 김화자 옮김. 서울: 책세상, 2005.

Max Picard. 『침묵의 세계』 최승자 옮김. 서울: 도서출판 까치, 1996.
Mircea Eliade. 『상징, 신성, 예술』 박규태 옮김. 서울: 서광사, 1991.
Rachel Pollack. 『타로카드 100배 즐기기』 이선화 옮김. 서울: 물병자리, 2005.
Robert A. Johnson. 『당신의 그림자가 울고 있다』 고혜경 옮김. 서울: 에코의 서재, 2006.
Robert M. Hazen & James Hazen Trefil. 『과학의 열쇠』 이창희 옮김. 서울: 교양인, 2005.
Theodor Abt. 『융 심리학적 그림해석』 이유경 옮김. 서울: 분석심리학적연구소, 2006.
김민주. 『시장의 흐름이 보이는 경제법칙 101』 서울: 위즈덤하우스, 2011.
박경화·여한구. "색채성격유형검사 개발을 위한 기초연구." 「한국색채학회논문집」 31/ 2(2017), 75-84.
소공자. 『싸이파워』 서울: 코스모스북, 2012.
에자키 야스코·스에나가 타미오. 『(색으로 풀어본 마음의 여행)색채 기억』 강죽형 옮김. 서울: 국제, 2003.
여한구. 『룻의 자기실현』 파주: 한국학술정보, 2007.
이병창. 『에니어그램을 넘어 데카그램으로』 서울: 정신세계사, 2011.
이창복·김윤식. 『신고 식물분류학』 서울: 향문사, 1985.
최연숙. 『민담. 상징. 무의식』 서울: 知 & 智, 2006.

PE-SUN 활용

매일 매일 생각날때마다 자신의 마음의 변화를 살펴보세요

- PESUN 연습노트

- PESUN 검사지(A4) + 스티커

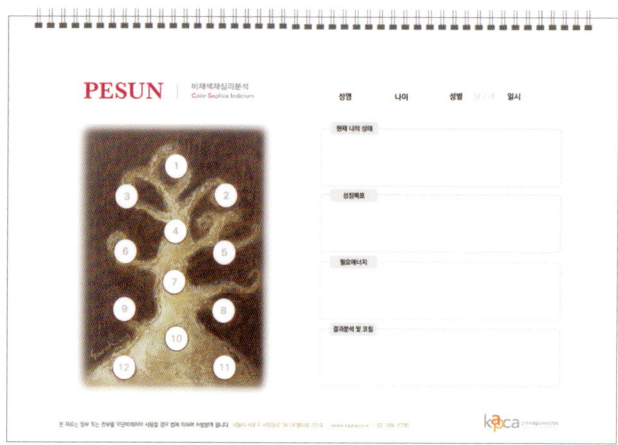

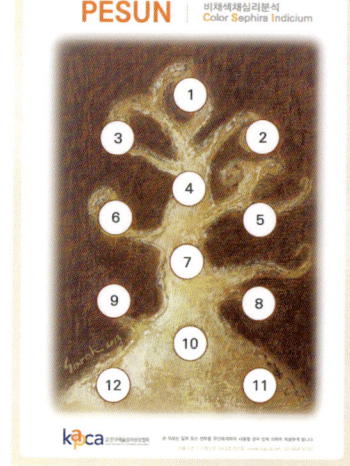

 구매처 연결

마음이 선택한 색, 나를 찾아가는 여정
색채심리

초판	2021년 2월 1일
개정판	2025년 11월 6일
지은이	박경화
펴낸이	최민기
펴낸곳	도서출판 비채
전 화	070-4714-2112
팩 스	02-584-8732
이메일	kapcabook@naver.com
등록번호	제2015-000185호

ISBN   979-11-973713-3-2

이 책은 저작권법에 의해 보호를 받는 저작물입니다.
저작권자의 승인 없이 본문의 내용을 무단으로 복제하거나 다른 매체에 기록할 수 없습니다.
책값은 뒤표지에 있습니다. 잘못된 책은 구입하신 곳에서 교환해 드립니다.